Friedrich Schulz

Ahrenshoop
literarisch

Ein Lesebuch

Verlag Atelier im Bauernhaus

© 1998 by Verlag Atelier im Bauernhaus
D 28870 Fischerhude
Umschlag: Friedrich Wachenhusen,
Mond über dem Bodden, um 1900; Privatbesitz
Illustrationen von Paul Müller-Kaempff , 1861-1941
Zeichnung Seite 63, Theobald Schorn,1866-1915
Radierung Seite 110, Alfred Partikel © VG Bild-Kunst
Herstellung und Gestaltung: Hans-G. Pawelcik
Druck: Zertani, Bremen
ISBN 3-88 132 293-0

August von Wehrs
Ahrenshoop zu Beginn
des 19. Jahrhunderts

Unter Arendshop versteht man jetzt eigentlich nur den Försterhof und das nicht weit davon liegende Laubgehölz, welches etwa 70 bis 80 Morgen enthält, und mit fünfzig- bis siebzigjährigen Eichen, Buchen und Espen bestanden ist.

Auf dem Berge, oder vielmehr auf der Höhe, die das Försterhaus von der Hölzung scheidet, stand vermutlich das Schloß der Stadt Arendshop. Im Jahre 1811 hatte ich Gelegenheit, beim Aufwerfen einer Brustwehr zu bemerken, daß sich mehrere Fuß unter der Erde Stücke von gebrannten Mauersteinen und einige große ganz verrostete Nägel befanden. Beim Aufwerfen einer ziemlich weitläufigen Verschanzung 0im Jahre 1813, während ich in französischer Kriegsgefangenschaft war, fanden sich mehrere dergleichen Überreste, die von dem früheren Daseyn großer Gebäude zeugten.

Stralsund wurde bekanntlich im letztgenannten Jahre von neuem befestigt. Alles war damals darauf berechnet, der verbündeten Nordarmee einen sichern Rückzug nach der Insel Rügen zu verschaffen. Damit

nun kein feindliches Seitencorps über den Darß unge-
hindert nach Rügen vordringen könnte, weil es einen
großen Vorsprung gewonnen haben würde, wenn es
der aus Mecklenburg retirirenden Armee nicht durch
den Paß bei Damgarten u.s.w. zu folgen brauchte, so
wurde von dem Meere an, über den Arendshoper Berg
hinweg, bis in das Binnenwasser hinunter eine große
und starke Verschanzung angelegt, die über 8000 Taler gekostet haben soll, unberechnet den Wert der Pa-
lisaden und anderer vom Darß gelieferten Holzbedürf-
nisse.

Der damalige Kronprinz von Schweden, Carl Johann, war in Person gegenwärtig, um die gehörigen
Anordnungen zu machen. Diese Schanzen stehen
noch alle, und können für Kinder und Kindeskinder
ein bleibendes Denkmal des großen Befreiungskrieges
seyn. Unter preußischem Scepter wird hoffentlich der
Darß die zu allen vorigen Zeiten erlittenen Drangsale
vergessen, welche, wie ich noch Gelegenheit haben
werde zu sagen, stets in größter Härte über dieses
kleine, sonst fast unbemerkte Ländchen kamen. Ein
Blick auf die Schanzen wird Jeden an die Schreckni-
se der Vergangenheit erinnern, und ihm den Werth
der ruhigen Gegenwart und die einem Jeden zur Er-
haltung derselben obliegenden Pflichten doppelt fühl-
bar machen.

Auf dem höchsten Platze der Arendshoper Anhöhe,
die meines Wissens der höchste Punkt auf dem
ganzen Darß und Zingst ist, stand im Jahre 1811 eine
Lärmstange, um Signale zu geben, sobald von englischen Schiffen Gefahr drohete, mit welcher es aber
gar nichts zu bedeuten hatte, weil die Engländer recht
gut wußten, daß auf unsren deutschen Küsten nicht
ihre geschworensten Feinde, sondern von ihren geschworensten Feinden Überwundene wohnten, die
sich damals mit schwerem Herzen bequemen mußten, Werkzeuge einer fremden Tyrannei zu seyn.

Das tobende baltische Meer dehnt sich vor den

Blicken in unabsehbarer Weite: nur bei recht hellem Wetter schwimmen in grauer Ferne, gleich Nebelwolken, die dänischen, etwa 8 Meilen entfernten Inseln Falster und Moen am Horizont. Während meines langen Aufenthaltes zu Arendshop, im Jahre 1811, hatte ich hier manchen schönen Genuß, der sich tief in meine Seele prägte.

Selten glich das Meer einem krystallenen Spiegel, kaum stellenweise von kleinen sich kräuselnden Wellen durchfurcht.

Man muß eine solche Scene selbst gesehen haben, um folgenden Vers unsers Goethe so recht herzinniglich zu fühlen:

> „Tiefe Stille herrscht im Wasser,
> Ohne Regung ruht das Meer,
> Und bekümmert sieht der Schiffer
> Glatte Fläche rings umher.
> Keine Luft, von keiner Seite!
> Todesstille fürchterlich!
> In der ungeheuren Weite
> Reget keine Welle sich.“

Doch die erhabne Scene zu schildern, wenn sich Abends die Sonne in den beruhigten Ocean taucht, und beim Sinken Himmel und Meer in Flammen zu setzen schien, dazu sind alle unsere Sprachen zu arm; man muß sie selbst gesehn und empfunden haben.

Ein anderes Mal zog ein schweres Gewitter vom Lande vorüber: die See nahm es wie einen lange ersehnten Busenfreund in ihren Schoß, und schien den rollenden Donner mit ihrem Gebrüll zu liebkosen – Aber nicht nur erhabene Naturscenen ergötzen die gierig-scheuen Blicke, und preisen den allgewaltigen Gott, sondern auch menschliche Werke erwecken angenehme Empfindungen, und zeigten den Bändiger der Elemente und König der Schöpfung in den Menschen.

So legten sich z.B. eines Tages zwei majestätische Linienschiffe meiner Warte gegenüber, daß ich so sagen darf, vor Anker, und genossen zwei Tage hindurch der vollkommensten Ruhe, welche von der Besatzung zur Reinlichkeit benutzt wurde, wie man aus der überall auf dem Tauwerke flatternden Wäsche sah. Gegen Abend des dritten Tages lockte mich ein fernher rollender Kanonenschuß nach meinem gewöhnlichen Standpunkt. Kaum war ich daselbst angelangt, so blitzten auch meine Linienschiffe, und der Donner brüllte herrlich nach. – Sie beantworteten das gegebene Signal; – fast schneller, als es sich erzählen läßt, waren die Anker gelichtet, die Segel aufgehisset, und dahin fuhren die stolzen schwimmenden Colosse. Nach Verlauf einer Stunde stieg ein Mast allmälig aus dem fernen Horizont, bis ein drittes Linienschiff auf selbigem schwebte. Mit Hülfe des Fernrohres erkannte man dessen roth und blaues Vorsegel, wie es die Admiralschiffe zu haben pflegen. Die beiden ersteren kehrten nun in seiner Gesellschaft um, und steuerten ihrem vorigen Ankerplatz zu. Nicht lange, so kam nach und nach eine Convoi von ein paar hundert Segeln hervor. Die Sonne sank, und der Wind wurde immer stiller. Bei Nacht konnte die Flotte den Belt nicht passiren, vorzüglich gebot auch die Gefahr vor dänischen Kapern, die mit unbegränzter Kühnheit die Dunkelheit der Nacht zu nutzen wußten, zu bleiben. Die Linienschiffe näherten sich etwa auf eine halbe Meile dem Lande, und ließen, unter Abfeuerung einiger Kanonen, Anker und Segel fallen, um der ganzen Convoi den gewählten Ankerplatz zu bezeichnen. Es dauerte noch eine ziemliche Zeit, bis alle zur Ruhe kamen; leichte Kriegsschiffe segelten weiter den Belten zu, um hier gegen die Dänen die Vorhut zu bilden, und theilten dann vor meinen Augen die allgemeine Ruhe. Das Meer strotzte dermaßen von Masten, daß der düstere Nadelwald des Darßes darauf versetzt zu seyn schien. Vom Admiralschiff hörte man in der tiefen Abendstille Janitscharen-Musik; ich unterschied das wohlbekannte „God save the King", welches mir durch alle Nerven bebte, und mich schmerzlich an eine frohe Jugend erinnerte, in der ich noch ein freies Vaterland hatte. – Die völlige Dunkelheit rief mich hinab von meiner Höhe, um meinen Kummer wo möglich zu verschlafen.

Mit Anbruch des anderen Morgens gaben abermals einige Kanonenschüsse das Zeichen zum Ankerlichten. In wenigen Minuten war die ganze Convoi unter Segel; ein frischer und günstiger Wind entführte sie bald dem Gesichtskreise. Nach Verlauf von einigen Stunden erinnerte aber der Donner des Geschützes, der mit seinem schauerlichen Rollen das Getobe des heulenden Meeres übertönte, und bis zum Nachmittage anhielt, an das Prachtgemälde des gestrigen Abends und heutigen Morgens. Die Dänen hatten Albions Löwen geneckt und gereizt, der sie aber bloß durch sein Gebrüll zurückschreckte, und stolz und ruhig seine Bahn verfolgte.

Dergleichen Scenen haben mich im Jahre 1811 oft ergötzt, in dem alle Schiffe, die aus den Belten kommen und dahin gehen, den Gesichtskreis von Arendshop berühren müssen.

Aber auch sanftere Gemälde erblicke ich von meinem Hügel. Drehe ich mich links, so übersehe ich Arendshop, welches mit dem dort an der Gränze liegenden mecklenburger Dorfe Altenhagen nur ein einziges Dorf auszumachen scheint. Weiterhin Kirchdorf (auch Wustrow genannt) und Dirhagen; die Rostocker und Ribnitzer Haide beschließen die Aussicht. – Mache ich linkskehrt, so durchlaufe ich mit dem Auge den schmalen Strich Landes, wodurch der Darß mit dem Fischland zusammenhängt, und wundre mich, daß das schmale Land, jedem menschlichen Auge ein willkommener Anblick, nicht schon längst von der See verschlungen wurde. Ein Theil des mecklenburger Landes, nebst der Stadt Ribnitz, die pommerschen Städte Damgarten und Barth, eine große Anzahl Dörfer als Sahl, Neuendorf, Michelsdorf, Fuhlendorf, Bodstedt, Pruchten u.s.w. liegen freundlich vor mir. Drehe ich mich von hier noch einmal links, so erblicke ich auf der äußersten Spitze des Darßes, nach dem Binnenwasser zu, Bliesenrad mit der Windmühle, einen Theil von Born, über die Arendshoper Hölzung hinweg die großen Räume bis zum Darßer Nadelwald, und den Darßer Ort. Das Gesagte wird hinreichend seyn, dem Besucher des Darßes den Punkt, von welchem man der malerischen Aussicht genießt, zu bezeichnen. Außer dem Försterhof gehören nun erstlich noch 11 Schifferhäuser zu Arendshop; sie laufen in einer Reihe mit dem Strande parallel, vom Fuße der kleinen Anhöhe, worauf das Förstergehöft steht, bis fast an die mecklenburger Gränze fort. Der Grund und Boden gehört mit zu der Försterstelle, war aber völlig unfruchtbar, weil er bei Stürmen stets von weißem Flugsande überzogen wurde. Mecklenburger, zum Theil auf dem Fischlande wohnende Schiffer bekamen Lust, sich hier anzusiedeln und des Vortheils zu genießen, unter schwedischer Flagge das mittelländische Meer, ohne Gefahr von den Barbaresken, befahren zu können. Der jetzige königliche Förster bewilligte mit Zustimmung der Regierung, daß sich diese Schiffer auf seinem Territorio, jeder gegen ein jährliches Grundgeld von 4 Thalern, anbauen dürften. Durch einen dreifachen Zaun, längs dem Strande, und durch Anpflanzung von Weidengebüsch, das hier trotz dem Sande sehr gut gedieh, suchte man zuvörderst Schutz gegen die Stürme und gegen den Flugsand, der hier fast einem Schneefelde gleicht, zu erlangen. An den Zäunen stauete der Sand, und bildet nun hohe Dünen. Hinter und neben jedem dieser Schifferhäuser ist etwas Gartenland zum Hausbedarf. Da die Schiffer beim Bau der Häuser hier noch nichts in der Wirtschaft, sondern alles in Mecklenburg hatten, so bekamen die Zimmerleute und Maurer nicht in dem Maße

Branntwein, Bier und Speise, wie sie es sonst wohl gewohnt sind. Beim üblichen Kranzaufsetzen übersahen sie vom Giebel der Häuser die armselige Sandküste, die einen guten Contrast zu ihrem Durst gab, und nannten im Unmuthe diese Reihe neuer Häuser Poversdorf, welche Benennung sich noch bis jetzt erhalten hat, und wohl auch bleiben wird, da sie schon zur allgemeinen Gewohnheit geworden ist, daß sich Niemand mehr etwas übles dabei denkt. Die Poversdorfer wollen indeß ihre Häuser nicht anders wie Schifferreihe genannt wissen.

Dicht an Poversdorf stößt ferner eine zweite Reihe Häuser, und läuft der mecklenburger Gränze entlang. Diese ist schon alt, und heißt Fittenbrock (Wittebrook). Letztere Benennung ist vielleicht des vielen weißen Sandes wegen die richtigere. In diesen Häusern wohnen Einlieger, die allerhand kleine Gewerbe treiben.

Im Frühlinge, wenn der Heringsfang sehr ergiebig ist, kommen viele sächsische Kärner nach Arendshop, welche Bücklinge abholen, und dadurch ziemlich viel Geld ins Land bringen. Bedenkt man, daß die Bereitung der Heringe, das nöthige Salz ausgenommen, keinen Geldaufwand, sondern nur einen Aufwand der Kräfte erfordert; und daß in guten Jahren, z.B. 1811, über 3000 Thaler durch die sächsischen Kärner bloß nach Arendshop kamen, so wird man die Wichtigkeit dieses Erwerbszweiges einsehen. –

Die Arendshoper Herings-Räucherhäuser gehören dem dasigen Förster (der über den Borner Beritt und die Arendshoper Hölzung gesetzt, zugleich Paß- oder Baumschreiber ist, und auch die Geschäfte eines Schulzen versieht) und den Bauern zu Born. Sie liegen jenseits des mehrgedachten Hügels. Dieser verdeckt, wenn man vom Darß nach Arendshop will, den Ort gänzlich. Man vermuthet eher in eine Wüste Arabiens, als in die Nähe menschlicher Wohnungen zu kommen. Nun erblickt der Unkundige die Räucherhäuser, und glaubt Arendshop in der traurigsten Gestalt von der Welt zu sehn, bis er gleich nachher auf die Spitze des Hügels gelangt, und jetzt einen wirklich überraschenden Anblick genießt, wenn er Arendshop, Poversdorf, Fittenbrock und Altenhagen nebst seinen fruchtbaren Feldern plötzlich zu seinen Füßen sieht, und sich dadurch von seinem gehabten Schrecken erholt. Dieser lebhafte Contrast macht Arendshop im ersten Augenblicke angenehm; die nähere Bekanntschaft mit dem Orte aber, einen längeren Aufenthalt keineswegs wünschenswerth. Das Getöse der See, welches nur zu oft bei Stürmen in Gebrüll ausartet, läßt im Anfange kaum schlafen. Wird die Luft von Sandwolken, wie von einem Schneegestöber gefüllt und verfinstert, so merkt man erst recht das traurige des Aufenthalts und sehnt sich weg von dieser Erdenge, welche Luft und Wasser zu verschlingen drohen, bis nach und nach die Macht der Gewohnheit alle diese unangenehmen Bilder verlöscht.

Im Frühjahre hat der, welcher eine Wasserfahrt nicht scheut, oftmals Gelegenheit, Kopenhagen zu besuchen. Es pflegen nämlich Segelböte mit frischen Heringen dahin abzugehn, die, wenn sie bei günstigem Winde des Abends die Küste verlassen, schon am anderen Morgen gegen 10 Uhr bei dieser Hauptstadt ankommen.

1819

Karl Lappe
Die Dünen bei Prerow.

Gegen diese Dünenberge,
wie sie stolz den Kamm erhöhn,
sind die Tromper Dünchen Zwerge
und erscheinen kinderschön.

An des Landes fernster Ecke,
die kein fremdes Auge schaut,
ward im lauschenden Verstecke
dieser Sandkoloß gebaut.

Hier auch eil' ich, dich zu grüßen,
Ostsee, die dem Liede hold
und schon horchend, mir zu Füßen,
ihre breite Brandung rollt.

Edle Zier des Pommernstrandes,
unsrer Augen schönstes Fest,
Glück und Reichtum unsres Landes,
der uns nie verarmen läßt!

Nie an Schönheit, nie an Gaben,
nie an Kraft und Poesie!
Was wir auf der Erde haben,
gleicht doch deinem Zauber nie.

Schweife, Blick! Die Schiffe schweifen
jenseits; jenseits liegt das Ziel.
Alles will der Mensch ergreifen,
und die Ferne wird ihm Spiel.

Seh' ich so das Leben schwanken,
Hoffnung, Zweifel, Mut und Glück –
kehr' ich, schweigend an Gedanken,
in der Hütte Schirm zurück.
1841

August Sach
Das Fischland in Mecklenburg

Up Fischland is't en wohren spass,
dor heten s' alltosamen: Klas.
„Klas, segg mal, Klas", so fröggt de en,
„Klas, hest du minen Klas nich sehn?"

„Ja", antwurt denn de anner, „Klas,
din Klas de gung mit minen Klas
tosamen na Klas Klasen sinen Klas".

So begrüßt Fritz Reuter mit neckender Anspielung auf den heiligen Nikolaus, den Patron der Seefahrer seine mit Vorliebe nach diesem genannten Landsleute auf dem Fischlande, dem nördlichsten Ausläufer des mecklenburgischen Küstengebietes, welches als eine 12 km lange und stellenweise nur einige hundert Schritte höchstens 2 km breite Landzunge die zu Preußen gehörige öde Halbinsel Darß mit dem Festlande verbindet. Ursprünglich und noch zur Zeit der Wenden eine „heilige Insel", ist das Fischland durch den rastlosen Wellenschlag der Ostsee und auf der anderen Seite des Ribnitzer Binnensees nach und nach zu einer Halbinsel geworden und bildet mit seinem Boden und seinen Bewohnern einen merkwürdigen Gegensatz zu feiner Nachbarschaft

Wer von Süden her, aus den fruchtbaren Gefilden Deutschlands plötzlich hierher versetzt würde, könnte die Einwohner dieses Landstrichs nur bedauern, die auf so unfruchtbarem Sandboden ihr bißchen Ernte mühsam gewinnen müssen. Noch in dem westlichen Grenzbezirk, dem Klützer Ort, ist alles Fruchtbarkeit: hier eine flache, magere, an vielen Stellen nicht anbaufähige Scholle. Während dort von der Fülle des Getreides eine Menge ausgeführt wird, reicht hier der Ertrag des Bodens nicht aus, um seine Bewohner zu ernähren. Dort dehnen sich blühende und honigähnlich duftende Rapsfelder weithin aus, üppige Weizenfelder und saftige Kleeäcker wechseln mit ihnen ab; selbst in den Hecken von Haselnußsträuchern, Ebereschen, wilden Rosen, Hagebuchen, die wie in Schleswig-Holstein die beiden Seiten des Weges einfassen oder die Grenzwälle zwischen den Äckern bedecken, entfaltet sich der Reichtum einer üppigen Vegetation: hier begrenzen hohe Dünen von ewig lockerem Triebsand, nur hie und da mit Strandhafer besetzt, den Saum des Meeres, von dessen dunklem Grün der weiße Sand grell absticht, den der Sturm noch oft genug ins Land hineintreibt. Zahlreiche Möwen bewohnen diese Dünen. Wenn ihre gellenden, kreischenden Stimmen ertönen, läuft der kleine Fischländer Bube nach Hause und ruft: Moder, et wart weihn, de meev, da schriet so dull!

Wenn ein Fremder einmal im Sommer in diese Gegenden kommt und den Wagen von keuchenden Pferden durch den tiefen Sand schleppen läßt, so wird er sich wundern, fast nur Frauen und einige alte Männer bei der Feldarbeit zu erblicken. Aber wie wird er erstaunen, wenn er in eins der fast menschenleeren

Dörfer einfährt! Kaum vermag er zu fassen, wie eine solche armselige Gegend so wohnliche, zierliche Häuser hervorzubringen vermag. Besucht er das Kirchdorf Wustrow, blickt ihm allenthalben eine auffallende Wohlhabenheit entgegen; er glaubt in den Straßen eines reichen Städtchens zu wandeln.

Spiegelhell schimmern die Fensterscheiben aus den meist mit grüner Ölfarbe angestrichenen Rahmen, schneeweiße Gardinen erhöhen das freundliche Aussehen dieser Augen des Hauses. Auf der mit Fliesen belegten Diele, in den tapezierten Zimmern herrscht die größte Sauberkeit, und prächtige Mahagonimöbel glänzen in untadeliger Frische. Die in den Zimmern, auf Kommoden und Schränken zierlich aufgestellten Korallenstöcke, farbenreichen Muscheln, Schneckenschalen und sonstigen Naturseltenheiten deuten auf Verkehr mit fernen Ländern und Zonen; die aufgehängten Modelle und Abbildungen von Schiffen lassen das Gleiche vermuten. Und dieser Verkehr ist in der That die Quelle des Wohlstandes, der uns auffallend erschien. Die weite See ist des Fischländers Ackerfeld, das schnelle Schiff sein Pflug und Spaten, und in den Häfen ferner Weltteile gewinnt er seine Ernten. In den meisten Dörfern bilden die Schifferfamilien und die Seeleute den größten Teil der Bevölkerung. Daher sind die Ortschaften im Sommer im Verhältnis zu ihrer Größe sehr menschenleer; nur Frauen und einige alte, in den Ruhestand getretene Schiffskapitäne bemerkt man beim Durchwandern der Dörfer: die Männer sind auf der See.

Das Meer bedingt und gestaltet alle Einrichtungen der Fischländer. Der Knabe schon bereitet sich in vortrefflichen Schulen, deren Unterricht auf das Seewesen berechnet ist, für seinen künftigen Beruf vor. Kaum hat er die Schule verlassen, so will und muß er fort, weit auf das Meer, das er, sobald er nur gehen konnte, auch schon an der Küste mit dem leichten Kahne befuhr: ein unwiderstehlicher Drang treibt ihn dort hinaus. In der Navigationsschule zu Wustrow legen die Seeleute, nachdem sie in mehrjährigen Fahrten das Seewesen praktisch erlernt haben, ihre Prüfung ab, um die Befähigung zu Steuerleuten und Kapitänen zu erlangen. Wer nicht selbst zur See gehen kann, beteiligt sich mit seinem Vermögen bei der Ausrüstung und beim Bau von Schiffen; selbst Dienstboten legen hierbei ihre Ersparnisse an.

Man braucht nicht selbst auf langen Seereisen mit diesen Fischländern gewesen zu sein, um ihre Tüchtigkeit und Beherztheit auf dem Meere zu erkennen; man hat auch bisweilen Gelegenheit, dies vom Lande aus zu beobachten. Ein schwerer Sturm ist losgebrochen; höher als die kleinen Häuser rollen die grünen Wogen der Ostsee heran und brechen sich schäumend am Strande. Da plötzlich heißt es im Dorfe, ein Schiff sei auf die Sandbank geraten und die Mannschaft gebe Hilfszeichen. Alles eilt auf die Düne, nicht achtend des Sturmes Wehen und des fast blendenden aufgewirbelten Sandes. Nur wenige kräftige Männer sind dabei, die durch Krankheit oder Zufall von der Reise zurückgehalten waren; Greise, Frauen und Kinder springen in die Böte, selbst kleine Buben wollen sich nicht ausschließen lassen. So wagen sie freudig ihr Leben und lenken kühn den Kahn durch die Brandung, um die Menschen und vielleicht auch noch Schiffsgut zu retten, ehe die Wellen das gestrandete Schiff zerbrechen. Es kommt auch wohl einmal vor, daß die Ostsee mit schwimmenden Eisstücken bedeckt ist; diese hängen sich an ein Schiff und aneinander, frieren zusammen und bilden eine große Eisfläche, daß das Schiff, von ihnen eingeschlossen, wie ein hilfloser Gefangener des Eises daliegt. Durch Notzeichen deutet die Mannschaft an, daß ihr der Proviant ausgegangen ist. Da scheuen die Fischländer keine Gefahr; zwanzig bis dreißig junge Burschen binden jeder einen Sack auf den Rücken, angefüllt mit Kohlen, Brot, Fleisch und einigen Rumflaschen; manche tragen auch Bretter. So ausgerüstet springen sie von Scholle zu Scholle; ist die Entfernung zu groß, wird sie mit Brettern überbrückt. Zuweilen müssen sie lange warten, ehe wieder eine Scholle sich naht zur gefährlichen Weiterreise; erhebt sich ein Sturm, so treiben sie rettungslos ins Meer. Das geschah in früheren Zeiten schon öfter, und doch besinnen sich die hinterbliebenen Verwandten und Freunde der Verunglückten keinen Augenblick, einem vom Eise eingekerkerten Schiffe wiederum ihre uneigennützige Hilfe zu bringen.

Es ist bemerkenswert, daß die Natur diesem Seemannsländchen einen Hafen versagt oder richtiger seit langer Zeit genommen hat. Dicht bei Wustrow war früher eine Verbindung zwischen der Ostsee und dem Ribnitzer Binnensee, die dem gegen Ende des 14. Jahrhunderts in der Ostsee hausenden Seeräuber Klaus Störtebeker als Zufluchtsort gedient haben soll; aber jetzt ist sie durch den vom Meere abgespülten Sand längst verschlossen, und nur die Namen „alter und neuer Hafen" in der Nähe bei Wustrow erinnern noch an jene Einfahrt. Der eigentliche Seehafen der Fischländer ist Rostock; von hier aus stechen ihre Schiffe ins Meer; die Hunderte von Schiffen, die diese Hafen- und Handelsstadt alljährlich aussendet, werden fast ausschließlich aus den Dörfern des mecklenburgischen Fischlandes bemannt, während der preußische Anteil den Bedarf für die Stralsunder Schiffe liefert.

Es gehört nicht zu den Seltenheiten, daß das ganze Schiff einer ganzen Familie gehört und ausschließlich von den männlichen Mitgliedern einer Familie geführt wird. Der Alte da mit dem gebleichten Haar und dem gebräunten Antlitz ist der Kapitän des Schiffes, der Mann dort, ihm zum Sprechen ähnlich, nur das Haar nicht weiß, kaum grau, ist sein Steuermann und ältester Sohn, die anderen kräftigen Burschen sind seine Matrosen und zugleich seine Söhne und Schwiegersöhne, und die beiden Schiffsjungen, die wie junge Katzen umherklettern und umherspielen, sind seine Enkel. Gehören nun auch die Güter auf dem Schiffe dem Kaufmann, das Schiff selbst gehört, wenigstens teilweise, jedem, der mit der Führung betraut ist, und wäre es der kleinste Schiffsjunge, er hat seinen Anteil daran, freilich einen oft sehr kleinen. „Part" heißt ein solcher Anteil, „Partner" der Anteilhaber. Den Part zu vergrößern und dadurch zugleich auch das Vermögen der Familie, das ist das Ziel aller ihrer Sorgen und Mühen; dadurch unterscheiden sich die mit Fischländern bemannten Schiffe von allen übrigen. Auf diesen ist es den Matrosen gleichgültig, was das Schiff erwirbt; sie empfangen für jede Reise, nachdem sie beendet, den bedungenen Lohn; während der Fahrt erhalten sie kein Geld. Wenn sie dann nach langen und harten Entbehrungen eine für ihre Verhältnisse bedeutende Summe in die Hände bekommen, wird sie oft in einigen Tagen, ja Stunden verjubelt oder für die abenteuerlichsten, wertlosesten Gegenstände ausgegeben. Anders der Fischländer. Er berechnet genau, um wieviel durch seinen Erwerb sein Part sich steigert; er lebt deshalb mäßig, ja genau. Nur in einem sparen die Kapitäne oder Steuerleute nicht. Von jeder Reise bringen sie einen kostbaren Deckelkrug oder anderes als Denkzeichen der vollendeten Seefahrt heim und hängen es, jedermann sichtbar, im stets offenen Hausflur auf.

Die Mehrzahl der Seefahrer bricht im März nach dem Rostocker Hafen auf, wo um diese Zeit ein reges Leben herrscht Zum „Ribnitzer Thor" hinein kommen dann lange Reihen von Wagen, mit kleinen gewandten und ausdauernden Pferden bespannt und von kräftigen Matrosen besetzt. Auf den Straßen trifft man bald die ganze Bemannung jubelnd beisammen, den Steuermann an der Spitze, vom Rathause kommend, wo die Musterung vorgenommen und die Namen eingezeichnet sind: Wohin die Reise geht, ist dem Matrosen gleichgültig, ob das Schiff nach Konstantinopel oder Rio de Janeiro segelt, oder ob er Dienste auf einem Grönlandsfahrer bekommt und bei Spitzbergen mit Walrossen oder Eisbären kämpfen muß, was kümmert's ihn, wenn es nur wieder in die See hinausgeht! Zuweilen kommt es vor, daß so ein Schiff immer von fremden zu fremden Häfen fährt und erst in einigen Jahren wieder die Heimat begrüßt; dann springt der kleine Bube des Kapitäns, den beim Weggang die Mutter noch als Säugling auf dem Arme trug, munter dem Vater entgegen und zeigt ihm, wie er schon die Schiffsleiter flink zu erklettern gelernt. In der Regel kommen jedoch die Ostseefahrzeuge für einige Wintermonate nach Hause. Dann herrscht in den fischländischen Dörfern ein gar munteres Leben, welches sehr von der Stille des Sommers absticht. In den ersten Tagen wird nur erzählt; man sollte aber glauben, die Männer seien die Redenden, die Frauen die Hörenden, denn was kann in einer Einöde, in der ein Tag wie der andere hingeht, Neues geschehen sein, während die Männer einen reichen Schatz von Mitteilungen heimbringen müssen aber man irrt sich. Die Frauen haben ihre Männer gesund wieder zurück; sie haben von ihnen gehört, wie hoch ihr „Part" gestiegen; alles übrige ist ohne Bedeutung für sie. Aber was haben sie dem Manne nicht alles zu erzählen, was ist in den acht Monaten nicht alles vorgefallen? Der Theekessel, den der Mann von der letzten Reise mitgebracht, hat einen Leck bekommen; die Kartoffeln haben nur sechs Metzen über die Aussaat gebracht; der Gurkensamen aus Hamburg ist nicht aufgegangen; die Gans hat nur zwei Junge ausgebrütet; der Schmied hat die Rechnung, die der Mann im vorigen Herbst bezahlt, in diesem Sommer noch einmal gefordert; das Schaf hat zur unrechten Zeit gelammt; die Mütze, die der Vater dem „Klas" mitgebracht, hat ihm der Sturm entführt; der ganze Hausboden ist voll Seegras, aber die Kinder haben auch bis in die Nacht hinein gearbeitet; das Brennöl ist um 20 Pfennig teuerer, als es jemals gewesen; es wird nicht möglich sein, mit der bisherigen Summe durchzukommen; ein Paar Hosen muß der Hans haben und die Margret ein neues Spruchbuch; der Jude, der alle Jahr die Spickaale geholt, ist diesmal nicht gekommen; sie hängen alle noch: so geht es ohne Unterbrechung von einem Thema zum andern. Der Mann hört zu, ohne ein Wort zu erwidern; er bläst in langen Zügen den Tabaksrauch von sich oder wälzt mit der Zunge den Kautabak aus einer Backe in die andere; nur bei der Mitteilung von der nochmals geforderten Schmiederechnung stößt er einen kurzen Fluch aus; bei der Versicherung, daß die Frau in diesem Jahr mit der ihr bewilligten Summe unmöglich auskommen könne, blickt er sie an: so sprichst du jedes Jahr und weißt doch, daß du nicht einen Pfennig mehr bekommst.

Sind die wichtigsten Mitteilungen abgethan, so werden Besuche gemacht von Haus zu Haus, denn in den ersten Tagen nimmt man nur die unerläßlichsten Arbeiten vor. Nach und nach geht jeder wieder an sein Tagewerk; die Männer treiben jetzt statt der Frauen den Fischfang, sie nehmen den Pinsel zur Hand und streichen Laden, Fenster, Thüren, Spinde, Bänke und Tische mit frischer Ölfarbe, auch da, wo das schärfste Auge kein Bedürfnis dazu erkennt; oder sie gehen in die Heide, um Holz zu holen, oder stellen den wilden Schwänen und Gänsen nach, die oft aus dem hohen Norden kommen und tiefer im Lande an offenen Stellen überwintern, wo warme Quellen das Eis nicht aufkommen lassen: da ziehen die Männer mit Säcken und Knitteln versehen bei mondhellen Nächten hinaus, beschleichen die schlafenden Vögel, töten Sie in großer Menge und schleppen sie in den Säcken heim; die meisten ihrer Betten sind ein Erzeugnis solcher Beute.

Giebt es keine Außenarbeit, so stricken die Männer Netze, spinnen, spulen und weben die Weiber; einzelne, die sich zur Steuermannsprüfung vorbereiten wollen, sieht man auch bei Büchern und Seekarten, mit Rechnen und Schreiben beschäftigt, ungestört von dem fröhlichen Treiben der Jugend und dem lauten Lachen der Umgebung.

Ackerbau und Schiffahrt sind die beiden Hauptnahrungsquellen Mecklenburgs. Während im Westen aus dem fruchtbaren Boden ein reicher Segen des goldenen Weizens sprießt, hat im Fischlande die dürre, unfruchtbare Sandscholle ein kräftiges, mannhaftes Völkchen auf das Meer verwiesen, wo es im Kampfe mit Sturm und Wellen den Tapfern Mut, die Mäßigkeit und Kernhaftigkeit seines Wesens erlangt hat, die zusammen mit seiner Liebe zur Heimat und mit seinem rechtschaffenen Sinn es so vorteilhaft auszeichnet. Die Erde giebt dem Fischländer wenig, desto mehr aber das weite, unendliche Meer.

1904

Friedrich Wilde
Ein Landschaftsidyll von der Halbinsel Dars

Es ist ein sonniger Junimorgen, an dem der Swan-
tevit uns durch die seicht gekräuselten Wellen der
Binnensee an die Gestade Fischlands führt. Allmählich wächst aus den Fluten Wustrow hervor, dessen
weitschauende Kreuzkirche uns schon von ferne
winkt. Am Fuße des Tempelberges, der heute das
herrliche Gotteshaus trägt, steigen wir an das Land.
Viel Sehenswertes bietet der schmucke Flecken;
gleicht doch jedes alte Schifferhaus einem Museum.
Das Kostbarste und Seltenste, was die Erde bietet, ist
seit Jahrhunderten hier aufgespeichert, und von Geschlecht auf Geschlecht erben diese Trophäen fort,
den Urenkeln noch Zeugnis ablegend von den Fahrten

und von dem Wagemut der Väter. Doch weilen wir
hier nicht zu lange; denn das Ziel unserer Wanderung
ist weiter gesteckt. Durch die Wiesen und Fischerhüt-
ten des Fulgengrundes steigen wir auf die Höhe von
Althagen und blicken hinab in das liebliche Tal von
Ahrenshoop. Der Ort liegt ganz versteckt in dem
Grün der Alleen und Gärten, aus dem die sattroten
Dächer malerischer Villen hervorragen. Links trennt
ein Wall aus silberweißem Dünensande das Dörflein
von des Meeres blauer, schaumgekrönter Flut. An der
rechten Seite des Bildes gehen die Gärten, unter deren hundertjährigen Zweigen alte, traute Schiffer-
und Fischerhäuser liegen, in die Feldstreifen über.
Hinter ihnen dehnen sich die saftigen Wiesen bis an
die blaugrüne Flut des Saaler Boddens, und jenseits
desselben begrenzt die mit Dörfern besäte Küste des
„Preußenlandes" den Blick. Das Ganze bietet uns ein
Idyll, so lieblich und einladend, ein Gemälde, in dem
der Reichtum und die Pracht der Farben zu einer in-
nigen Harmonie verwoben sind. Treten wir in das
Dorf ein; es ist Mittagszeit Die Frauen, das von Gesundheit strotzende Gesicht durch einen riesigen Hel-
goländer beschattet, kehren, den Rechen in der Hand,
von den Wiesen heim. Vom Strande herauf kommen
die Fischer mit ihren Netzen; es sind derbe, kraftvol-
le Männer, fast sämtlich über fünfzig hinaus.

Ist auch mancher Sturm über die grauen Scheitel
dahingegangen, sehen auch die Gesichtszüge hart, ja
verwittert aus, so leuchtet doch aus den klaren blau-
en Augen ein treues warmes Herz. Vierzig Jahre
durchfuhren die Leute den wilden Ozean mit seinem
Wogenbrausen und Sturmestoben. Nun wollen die alten Knochen nicht mehr; doch zur friedlichen Beschäftigung des Ackerbaues kehrt der alte Seebär
nicht heim; das Land war und bleibt nur sein Abstei-
gequartier. Das Meer mit seinen ewigen Harmonien
hat's ihm angetan: er wird Fischer. Die Bewirtschaf-
tung der heimischen Scholle überläßt er nach altger-

manischer Weise der Frau. Schon steht sie in dem
schwarzen Hoftore, um ihre Kühe in den kühlen Stall
zu geleiten; denn eben treibt, eine fröhliche Melodie
blasend, der alte Hirte die stattliche Rinderherde von
der Weide her die Straße herab. Eiligst flüchten die
Malerinnen, denen das einsame meerumschlungene
Dörflein mit seinen alten Häusern und Gärten, mit
seinen Wäldern und Wiesen, mit seinen Hügeln und
Dünenrevieren eine unerschöpfliche Fundgrube von
Motiven ist, hinter die schützenden Zäune. Nur eine
beherzte Jüngerin der Kunst bleibt ruhig vor ihrer
Staffelei sitzen. Sinnend betrachtet der alte Hirte die
Leinwand, auf der drei verkrüppelte Dornbüsche im
Entstehen begriffen sind. „Wat sall dat sin, Frülein?"
„Ein Motiv". „Joa, joa, oll Tun, oll Hütt un 'n oll Wiew
is ok'n Motiv." Im Weitergehen aber denkt er: „Son
Durnböm hew'k doa min Doag noch nich sein".

Auch diese Malschülerin packt Pinsel und Palette
ein und lenkt ihre Schritte der Villa St. Lucas zu, die
mit ihren hohen Giebeln und altdeutschen Fenstern
so freundlich aus dem kleinen Wäldchen hervorleuch-
tet. Einige junge Mädchen kommen fröhlich scher-
zend schon den Laubgang herab; andere sitzen munter erzählend in den offenen Veranden. Jugendlust
und Jugendmut kommen nach emsigem Studium hier
zu ihrem Rechte. Wandern wir weiter. Villa reiht sich
an Villa. Sind sie auch fast alle verschieden in ihrem
Stil, so besitzen sie doch wieder alle etwas Gemeinsa-
mes: sie sind nicht hineingesetzt in die Landschaft,
sondern aus ihr emporgewachsen. In ihrer äußeren
Erscheinung, in ihrer Ausstattung und Aus-
schmückung sind sie echte und rechte Künstlerhäu-
ser, Heimstätten bedeutender Maler. Am Ende des
Dörfleins angelangt, bietet sich unserem Auge ein
weites Dünengebiet dar, ausgezeichnet durch reiche
Abwechselung in den Formen, in den Farben und in
der Bedeckung. Auf einem der ersten Hügel, dem
Schifferberge, erhebt sich hart am Meeresstrande das

Hotel Bogislaw. Von hier aus genießen wir die herrlichste Aussicht auf die endlose, brausende See und auf die sanft bewegten Flächen des Boddens, auf die ausgedehnten Kiefernwälder des Dars und auf die altsächsischen Bauerhäuser des Fischlandes. Hier in diesen gastlichen Räumen halten wir Rast. Noch ist die Hauptsaison nicht angebrochen. Mit Muße können wir darum noch die schönen Wandgemälde des riesigen Speisesaales betrachten. Ahrenshoop, Wustrow, Ribnitz und Rostock, Dünenlandschaften, Waldpartien und Darstellungen aus dem Fischerleben wechseln miteinander ab. Mit Interesse studieren wir eben die markigen Züge des alten Watenfischers, als ein Freund unseren Blick talwärts lenkt. Auf einfachem Bauernwagen wird ein kunstlos gezimmerter Sarg, bedeckt mit dem Bahrtuche, dahergefahren. Nachdenklich und ernst folgen die alten Schiffer und Bauern; mit erdensicheren Tritten schreiten die jungen Burschen einher. Den Abschluß bilden lange Züge von Frauen, die um den Kopf ein großes Tuch aus schneeigem Linnen gebunden haben, dessen Zipfel im Winde flattern. Aus allen Orten des Fischlandes geben die Bewohner dem alten Seemanne das Geleit; am gegenüberliegenden Abhange ruht er aus von des Lebens Mühen und Stürmen.

Wir verlassen die gastlichen Räume des Hotels und steigen über die bewaldeten Rücken der Binnendüne. Geschützt vor rauhen Winden, umsäumt von schattigen Gehegen, bedecken hier wohlgepflegte Saaten und Kartoffelschläge das wellige Gelände. Vor uns behäufelt ein Greis die Kartoffelreihen. Seine Haltung ist straff, sein Gang fest und sicher, jede Bewegung kraftvoll, und doch hat Johann Plümer schon 74 Lenze hinter sich. Seit seiner Jugend Tagen steckt hei sin Fäut unne frem'm Lüd Disch, und seit mehr denn vierzig Jahren dient er treu und ehrlich seinem Bauer, der Haus und Hof, Flur und Ställe, alles ihm anvertraut, denn das Besitztum seines Herrn hütet und

pflegt Johann, als ob es sein eigenes wäre. Vor Tages-
grauen füttert er „dat leiwe Veih", und ist die Sonne
längst zur Rüste, so geht Johann noch durch Ställe
und Scheunen. Froh singend zieht er auch heute Furche um Furche. Wozu auch so viel sorgen? Für die
Zeit der Not liegt in der eichenen Lade manch Täler-
chen wohlverwahrt, und auch für den Fall des Todes
sind seine Verhältnisse wohl geordnet. Aus grobem
Linnen hat seine Bäuerin ihm ein Totenhemd genäht
mit der Inschrift:

„Johann Christian Plümer, eines Ochsenhüters
Sohn". Dasselbe umhüllt auch ein Sümmchen für einen Grabstein auf dem die Nachwelt den selbstverfaß-
ten Vers lesen wird: „Wenn ihr hintret't zu meinem
Grabe, so gönnet mir die ew'ge Ruh' und wißt, daß ich
gearbeit't habe; denn ich gehöre Jochen Plümern zu."

Heimwärts wandernd, wählen wir den Weg am
Strande entlang. Steiler und höher werden die Ufer;
unter unseren Füßen murmelt und nagt die See. Die
letzte Höhe ist überstiegen, und vor uns liegt das liebliche Wustrow. Liebliche Gärten säumen den Weg;
mühsam bricht der sinkende Sonnenstrahl sich durch
die dichten Kronen. Langsamer werden der müden
Wanderer Schritte; doch schon winkt das gastliche
Wirtshaus, und mit einem herzlichen „Willkam'n in
min Hus" führt der alte Schiffer uns unter sein trauli-
ches Dach.

1904

Heinz Tovote
Hilde Vangerow

*I*n der Nähe der Petelschen Kuhweide standen neben niederem Gebüsch drei Bäume, eine Silberpappel, eine Birke und ein Weißdorn. Wie diese drei gerade hier zusammengekommen waren, gaben sie ein seltsames Bild.

Der eingehegte Weideplatz lag vor dem Winde geschützt, hinter hohen Dünen, wo Erlen und Haselbüsche standen, überrankt von Hopfen und Geisblatt. Dazwischen große Büsche von stacheligem Ilex, daß es aussah, wie dichte Wände um eine Zauberwiese. Und auf der Weide ein Birkenwäldchen, wo Brombeerkraut sich wirrte, übersät mit dunklen Beeren. Ganz zufällig war Lippold das seltsame Dreiblatt der Bäume aufgefallen, und wie gerade zur Mittagszeit, während die andern noch beim Skat oder schon hinter ihren Suppentellern saßen, die Beleuchtung war, gab es mit den braunen und schwarz-weißen Kühen auf der saftgrünen Wiese ein fertiges Bild.

Nach einer halben Stunde war das Licht so anders, alles so banal, daß er aufhören mußte und bis morgen warten. Er packte also zusammen und hielt nur noch einmal die angefangene Skizze von sich, als er jemanden einige Schritte hinter sich vorübergehen hörte. Er wandte sich und sah, daß es der Tiermaler des Ortes war, Franz Enderlein, der wohl nach seinen Kühen gesehen hatte. Wieder einer, der aufpaßte, daß man ihm nichts fortnahm.

Am Abend, als Lippold auf Hildes Anraten in die „vergnügte Spickflunder" ging, statt wie sonst vor dem Hotel zu sitzen, fand er dort um einen Tisch die ganze Clique. Das laute Geschrei, das ihn angezogen hatte, verstummte plötzlich vor dem jähen St!, das einer bei seinem Eintritt ausgestoßen. Er wußte sofort, als er den Blick um diese Tafelrunde gleiten ließ, daß sie sich mit ihm beschäftigt hatten. Mochten sie! –

Er bestellte sich sein Glas Bier, stopfte seine kurze Pfeife und ließ die Kollegen nicht aus den Augen, die leise tuschelten und offenbar krampfhaft nach einem anderen Gesprächsstoffe suchten.

Heute saßen sie nicht beim Skat, wie sonst vom frühen Morgen ab, heut hatten sie offenbar Wichtigeres vor. Da hatte er sie alle auf einen Klumpen, Herrn Steinfort, Enderlein, Jobst Horn, Walter Prehm und Paul Jolck; die andern kannte er nicht, wollte sie auch nicht kennen lernen.

Nach einer halben Stunde erlöste er sie. Das Bier war ihm doch zu schal, als daß er länger hätte bleiben mögen.

Als er am folgenden Mittag auf die Weide kam, sah er schon von weitem, was für eine Verschwörung die Sandhooper gestern gegen ihn ausgeheckt hatten.

Die drei Bäume lagen am Boden und waren gefällt. Als Revanche hatte man ihm jetzt sein Motiv zerstört. Es war gar nicht nötig, daß er in der Ferne hinter ei-

ner Stechpalme den Kopf von Jobst Horn bemerkte –
er wußte, wem er das zu verdanken hatte –, so lachte
er nur, setzte sich hin, den Karton auf den Knien, und
arbeitete, damit die Skizze fertig wurde, denn die
Bäume hatte er. Aber was Rechtes wurde es nicht,
auch nicht annähernd, was er sich gedacht hatte.

Da mußte es bleiben, wie es war; ganz verloren war
seine Arbeit nicht. Das hatten sie nicht fertig gebracht. Er wollte sich nicht ärgern, aber dumm war
die Geschichte, denn er erreichte gern das Ziel, das er
sich setzte. Es blieb ihm nichts übrig, als daß er sich
einen anderen Vorwurf suchte; und er fand ihn bald,
die Giebelseite eines abseits liegenden Fischerhauses,
das in seiner Front ein beliebtes Sujet war und das alle Schüler Steinforts mit nach Hause nahmen.

Zwei Damen saßen und pinselten im Schweiße ihres Angesichts drauf los. Er setzte sich auf die andere
Seite, und freute sich an dem wunderbaren Rot, mit
dem diese Giebelseite gestrichen war, ein uraltes Rot,
das mit großen abblätternden Flecken alle Schattie-
rungen bot. Diese Wandfläche mit dem überkragen-
den Strohdache hatte etwas so Sattes in der Farbe. Es
war ein Gedicht, wie Wind und Wetter ihre Spuren
hier gezogen hatten.

Arbeit würde es kosten, mit zwei-, dreimal zwang
er es nicht. Hier mußte er sich häuslich niederlassen.

Aber am zweiten Morgen traf es ihn wie ein Schlag.
Die Verschwörung gegen ihn war wieder am Werk gewesen, und zwei Arbeiter hatten den roten Anstrich,
diese uralte Farbe, schon halb abgekratzt, um die
Wand offenbar frisch zu verputzen. Da wurde er wü-
tend, und fluchte wie ein Rohrspatz, als drei Tage später das Häuschen farblos grau gekalkt wurde. Das
konnte er der Gesellschaft nicht vergeben.

Ein paar Tage später setzte er sich neben ein paar
Malhühner, die einen verfallenen Schweinekoben vor
sich hatten, der zusammenzustürzen drohte. Der Fischer hatte ihn seit Jahren erneuern wollen, aber die

Maler, denen gerade an diesem Motive lag, hatten den Besitzer noch stets mit Geld und guten Worten abgehalten. Von dem Stalle machte er eine Bleistiftskizze; aber am andern Tage erfuhr er schon, daß die Malerkolonie, die hier alles als ihr Eigentum betrachtete, dafür gesorgt hatte, damit auch dieses Motiv nicht länger ausgeschlachtet wurde. Ein roter Ziegelstall sollte angefangen werden.

Sie waren dahinter gekommen, wie gefährlich es war, wenn Talentvollere sich ihre Motive nahmen. Sie hatten bisher davon gelebt, daß jeder von ihnen seine ihm gehörenden Motive ausschlachtete. Schon aber fing der Ruf des Ortes an, sich zu verbreiten. In den Zeitungen wurde darüber geschrieben; eine Fundgrube für Maler wurde das Dörfchen genannt, und wenn erst all die Fremden kamen, dann war es mit ihrer Spezialität vorbei.

So fing denn jeder von ihnen an, zu zerstören, was er im ewigen Abklatsch alljährlich auf Provinzausstellungen schickte, was er in steten Variationen behandelt hatte, immer im Atelier nach den einmal vorhandenen Skizzen, ohne daß sich einer jemals wieder vor die Natur hinstellte.

Für ihre Schülerinnen blieben noch immer einige Vorwürfe erhalten, ein paar Häuser und Dächer – aber alles, was sie sich bisher ängstlich erhalten, was sie als unzerstörbar gehütet hatten, gaben sie jetzt preis. Sie halfen sogar den Besitzern bei den Erneuerungen. Die alte so charakteristische rote Farbe verschwand, und die moosbewachsenen Strohdächer durften den nichtssagenden Ziegelbedachungen weichen, die die ganze Landschaft verschimpfierten.

Die halb verfallenen Ställe und Zäune wurden ausgebessert, die Eingänge zu den Häusern gesäubert, die Türen grell gestrichen. Alles drohte ein anderes Aussehen zu bekommen, und von Stimmung blieb bald nichts mehr.

Die Kolonie der Eingesessenen aber triumphierte.

Nach wenigen Jahren würde kein Motiv mehr vorhanden sein, das einen Künstler reizen konnte. An Schülerinnen fehlte es ihnen trotzdem nicht. Sie aber konnten weiter ihre alten Bilder ausstellen. Die Leute staunten, wie stimmungsvoll sie diese so ärmlich scheinende Landschaft zu behandeln wußten. Das war eben echte Kunst, die aus der Natur so wunderbares herauszuholen verstand. Die unglückliche Idee Rudolf Lippolds, der sein Motiv für sich hatte behalten wollen, hatte ihnen den Weg gezeigt. Nun gehörten ihnen ihre Motive allein, und niemand konnte ihnen ihr Eigentum mehr streitig machen.

Das ganze Dorf drohte zerstört, verwüstet und ein banaler Ort zu werden, dem nichts charakteristisches mehr anhaftete, so daß später niemand mehr begreifen würde, wie jemals Künstler hier jahrelang hatten weilen können, und voller Entzücken Bilder gemalt hatten, die es in dieser Natur nicht mehr gab.

Der Nachwelt drohte die Episode dieser Malerkolonie ein Traum zu werden, zu dessen Zerstörung der eine Taler hingereicht hatte, den Frau Reimers für die paar Blumen genommen.

Mit jedem Jahre ging das Zerstörungswerk weiter. Immer neue Badegäste kamen, sehr zum Verdruß der Alteingesessenen, die alle Schuld dem Hotelbesitzer und dem Ortsvorsteher gaben, die mit Prospekten und Inseraten die Leute aus aller Welt anlockten.

Das Hotel Bogeslaw, das mit seinen roten Mauern, hoch auf dem Hügel, alles überragte, war so besetzt, daß es umgebaut und erweitert werden sollte, nachdem es jahrelang seinem Besitzer nur Ärger und Unkosten verursacht hatte.

Mit einem Schlage war Sandhoop entdeckt, und schon ging das Projekt, daß vom Dars her durch den Forst eine Bahn von Bredow gebaut werden sollte. Nachdem es lange wie versteckt ein stilles Dasein geführt hatte, kam Sandhoop plötzlich in Mode.

Überall wurden die alten Fischerhäuser ausgebaut,

wurden neue Villen und Pensionen errichtet, die den Anforderungen der Städter mehr entsprachen, aber nun so trostlos wirkten wie in einem auf Spekulation erbauten Berliner Vororte.

Von der alten Einsamkeit des Strandes war nichts geblieben. Mit jedem Jahre hatte sich das Bild geändert. Eng standen jetzt die zahllosen Strandkörbe. Wo man früher glatt am Wasser hatte gehen können, war jetzt alles ausgegraben, Kanäle gezogen und Burgen mit flatternden Fahnen waren gebaut. Der Sand war zertreten und hatte die einstige schneeige Weiße längst verloren, denn er war in all den Jahren gemischt mit all den Dingen, die achtlos zur Erde geworfen waren, selbst die Hochfluten des Winters wuschen ihn nicht mehr rein. Zeitungsfetzen flogen auf, und allerhand Butterbrotpapier trieb sich umher, und es war nichts mehr wie in früheren Zeiten.

An den Badeanstalten herrschte lärmendes Geschrei. Die Philister waren ins Land gekommen und überschwemmten die ganze Gegend. Mit Vettern und Basen, Onkeln und Tanten und Scharen ungezogener Kinder verschandelten sie den einst so vornehmen, stillen Strand.

Des Abends sangen sie ihre abgedroschenen Lieder, und wo sonst in der Dunkelheit kein lautes Wort zu hören gewesen war, da hörte man sie jetzt noch zu nachtschlafender Zeit lärmen, wenn sie nach Hause zogen, und ganz unmotiviert ihr Juhu! schrien, das sie irgendwo in Tirol oder der Schweiz gehört hatten.

Nur in den frühen Morgenstunden und zur Zeit des Mittag- und Abendessens sah der Strand ein wenig aus wie vor Jahren in seiner köstlichen Einsamkeit, oder wenn der Regen fiel, und sie dann alle in den Häusern und in ihren stillosen Villen hockten.

Längst hatte sich die Spekulation geregt; alle Grundstücke waren in festen Händen, und den Fischern, die langsam abwanderten und ausstarben, gehörte kaum mehr etwas zu eigen.

Die Künstlervillen, die in jedem Prospekte als Se-
henswürdigkeiten gepriesen wurden, verschwanden
in der Fülle der Neubauten, und wurden erdrückt von
den großen Kästen, die überall entstanden. Eine
ganze Kolonie von Berlinern hatte ihren Einzug gehalten; Bankdirektoren mit zahlreicher Familie, Groß-
kaufleute, die des Lebens in den großen Modebädern
müde waren.

Die paar alten Militärs, die hier in Zurückgezogen-
heit leben wollten, die Professoren und Geheimräte,
die dem Ort seinen Charakter gegeben hatten, dazu
vereinzelte Bühnenkünstler und einige Schriftsteller,
die seit Jahren hier ein paar Wochen zubrachten, hatten neben den paar Malern den alten Stamm gebildet.

Von den Malern waren zwei verzogen, und der kleine, verwachsene Baron Beversdorf war gestorben, mit
dem Hilde befreundet gewesen, und der jeden Morgen
auf seinem Jagdwagen mit den beiden schlanken
Füchsen an ihrem Hause vorbeikutschierte, oft mit
dem ausgestopften Rehbock, den er draußen im Walde hinstellte und malte; immer aber mit seinen beiden Teckeln, auf deren Schönheit und Reinheit er
sich mit Recht mehr einbildete als auf seine Malerei-
en.

Dafür waren immermehr Menschen gekommen,
die eigentlich nicht hierher gehörten, Herdennaturen,
die nur nachschwatzten und dem Zuge nach hierher
gefolgt waren, weil von dem Orte viel gesprochen
wurde, weil sie Bilder gesehen hatten, die sie nun ver-
gebens hier suchten, da ihnen ja die Augen fehlten für
das, was die Maler ihnen gegeben hatten.

So liefen sie nun eigentlich enttäuscht herum, ohne den rechten Mut zu haben, es sich einzugestehen,
kamen wieder, weil sie es für sehr eigenartig hielten,
hier ihre Ferien zu verbringen, paßten aber doch in
die alte Stimmung nicht hinein, und hatten sie bald
verdorben. Andere hielten mit ihrer Meinung nicht
zurück und schimpften wie die Rohrspatzen. So was

ödes war ihnen landschaftlich noch nicht vorgekommen. Das war ja ein Schwindel, daß an der Gegend was dran sein sollte, einfach Gastwirtsreklame. Aber wenn sie ein paar Tage da waren, dann blieben auch manche von ihnen; und wenn sie es sich auch nicht erklären konnten, irgend etwas war, was sie hielt; sie fühlten, daß es hier anders war als sonstwo, und söhnten sich aus, fingen langsam an zu verstehen, und waren später oft die lautesten, die Reize des Ortes zu preisen, die sich ihrer Meinung nach allerdings nicht dem ersten Besten erschlossen, sondern nur den Erwählten.

Und sie waren es, die wiederkamen und die große Masse der andern nach sich zogen.

Vor Hildes Villa blieben sie stehen, und manchmal hatte einer den Mut, anzufragen, ob er vielleicht das Atelier besichtigen könne.

Früher hatte Hilde derartige Frager durch die Reimers abweisen lassen, mit dem Bedauern, daß Fräulein Vangerow arbeite und nicht gestört werden dürfe. Denn eigentlich fiel es niemandem ein, sie Frau Lamberg zu nennen.

Aber dann hatte Max sie überredet, daß sie eine Besuchsstunde festsetzte, und zwar den Sonntag von zwölf bis ein Uhr. Und regelmäßig stellten sich einige Neugierige ein, die einen Blick in das Haus warfen, und sich unter Frau Reimers Führung das Atelier besahen.

Max hatte recht; schon mehrere Male war es geschehen, daß sie Bilder dadurch verkauft hatte. Aber daß sie selbst anwesend war, dazu überredete er sie doch nicht. Sie ging fort, oder saß die eine Stunde hinten im Garten oder in ihrem Zimmer, wenn sie nicht draußen arbeitete.

Denn sie mußte fleißig arbeiten, weil Sie ihr Leben anders nicht durchführen konnten, seit das Kind da war und allerhand Bedürfnisse hinzugekommen waren, die sie früher nicht gekannt hatten.

Max war mit der Zeit immer anspruchsvoller in allen geworden und gab zum Haushalte nichts zu. Angeblich ging die Zeitschrift nicht gut; er habe das ganze Risiko übernommen, und sie bringe nicht viel mehr ein, als was er für sich verbrauchte. Den Haushalt hier draußen bestritt Hilde von ihrem Einkommen und ihrem Verdienste allein.

Alles Geld, das einkam, ging durch seine Hand, und eigentlich hatte sie gar keinen Überblick darüber. Nur das eine wußte sie, daß er sie zur Arbeit drängte und alles daran setzte, die Bilder so rasch als möglich zu verkaufen. Zur Ausstellung kamen sie nur selten, immer nur vereinzelt einmal.

Das hast du nicht nötig, ganze Wände einzunehmen. Jetzt, wo du einen festgegründeten Namen hast, heißt es, sich selten machen. Wenn man da gleich mit acht oder zehn Sachen anrückt, schreit alle Welt: Na, die Vangerow verkauft wohl auch nichts mehr? Die hat sich überlebt. Einzeln die Sachen unter der Hand gut unterbringen, das ist der Witz dabei. Du mußt es ja wissen. Glaub mir nur, es ist so. Zeig ihnen ein einzelnes Bild, und gleich sind fünf oder sechs Liebhaber da, die sich dafür interessieren; vor allem, wenn man es ihnen schon vor der Ausstellung zeigt. Dann sind sie ganz wild, weil sie glauben, sie kriegen es billiger. Du hättest doch Kunsthändler werden sollen. Bin ich ja! Deiner!... Aber im Ernst, das würde ich jeden Tag mit dem größten Vergnügen werden, und ihr solltet gewiß nicht schlecht mit mir fahren, du und deine Kollegen.

Er hatte sich jetzt einen so leichtfertigen Ton angewöhnt, der sie manchmal erschreckte. Dann kam er ihr so verächtlich vor, so ungewohnt burschikos, und behandelte sie oft, als sei sie ein ganz törichtes Geschöpf. Um so mehr besann sie sich dann auf ihre Würde und war ganz damenhaft. Je mehr er sich gehen ließ, um so strenger hielt sie auf Formen.

Er versuchte zwar, lachend darüber hinwegzukommen, aber sie sah, wie unangenehm es ihm war. Manchmal verachtete sie ihn. Was nur hatte sie an ihm gefunden, daß sie ihn damals geheiratet hatte?

Zuweilen mußte sie daran denken, was er wohl so allein in der großen Stadt treiben mochte; dann fühlte sie einen körperlichen Widerwillen gegen ihn; aber wenn er wieder bei ihr war, vergaß sie es leicht und ließ sich wieder gefangen nehmen.

Denn manchmal hatte sie ein so brennendes Verlangen, daß einer freundlich zu ihr sei, daß ihre Hände gestreichelt und geküßt würden; ihr Kopf ward ihr so schwer, als müsse sie sich an jemanden anlehnen, der ihr Schutz gewähren sollte; sie fühlte, wie das wohltun mußte, wenn liebe und zärtliche Worte ihr Ohr trafen.

Ganz frei war dieses Gefühl von jeder Sinnlichkeit; nur eine leise Sehnsucht, daß jemand lieb zu ihr war, ohne daß von ihr etwas verlangt wurde. Das aber verstand Max nicht; er verkannte sie jedesmal, wenn sie in solch einer Stimmung war, und legte sie auf seine Art aus, daß sie erschrak, wie wenig er sie verstand, bis sie es ihm nie wieder zeigte.

Und doch fehlte ihr etwas; aber sie konnte nicht sagen, was es war; vielleicht war es nichts als eine künstlerische Sehnsucht, die eines Tages sich erfüllen würde. –

Und Hilde Vangerow saß und wartete auf die Erfüllung.

1906

Johannes Trojan
Das neue Seebad

Maler hatten es ausgespürt, das Bad Spickaalsdorf, als dort nur Fischer wohnten, die nebenbei ein wenig Feldbau trieben. Die Hütten der Fischer und ein Krug, mit einem Kaufmannsladen verbunden, machten den ganzen Ort aus. Spickaalsdorf war für das Publikum noch „unentdeckt", denn als eigentliche Badegäste konnten die Maler nicht gelten.

Wenig zu essen gab es dort, aber zu malen genug auch außer der See. Auf den Dünen wuchs ein malerisches Durcheinander von wilden Rosen und Holunder, und im Walde gab es knorrige, halbverdorrte Eichen, wie sie der Forstmann nicht gern sieht, der Künstler aber sehr hoch schätzt. Dann waren im Dorf selbst bezaubernde verfallene Häuschen mit mooswachsenen Strohdächern zu finden, auf die niemand eine Hypothek gegeben hätte, die aber im höchsten Grade dazu geeignet waren, wie sie dastanden, auf die Leinwand geworfen zu werden. Endlich gab es unter den Fischern wunderbare Gestalten und köstlich verwitterte Gesichter, mit einem Wort: Prachtmodelle. Zwar wollten sie zuerst nicht daran, sich malen zu lassen, als aber der erste herausbekommen hatte, daß es nicht wehtat und daß es etwas einbrachte, folgten die anderen nach, wenn auch ihnen die Sache sehr lächerlich vorkam.

Die Maler waren in bezug auf Verpflegung mit dem zufrieden, was des Ortes Brauch war. Ihre Mahlzeiten bestanden in der Hauptsache aus Kartoffeln und aus einem Getränk, das Kaffee genannt wurde, zum Glück aber in nichts an Kaffee erinnerte. Man konnte es nicht „schlechten Kaffee" nennen, sondern es war ein Getränk für sich, das der eine mochte und der andere nicht. Die See warf natürlich manches ab für den Mittagstisch, und besonders groß war der Jubel, wenn einmal Heringe gefangen wurden. Dann kam Fülle und Abwechslung in das Menü, denn der Hering läßt sich nicht nur frisch auf verschiedene Art zubereiten, sondern es gibt auch noch mehrere Arten, ihn zu konservieren und ein schmackhaftes kaltes Zugericht aus ihm herzustellen.

An Getränken gab es im Kruge ein Bier, das angenehm säuerlich und nicht zu kalt war, und einen Kognak außerdem, dem man noch eine halbe Stunde, nachdem man ihn genossen, nachschauderte, und der einem im Traum vorkam. So war für des Leibes Nahrung und Notdurft genügend gesorgt. Auch machten die Künstler in bezug auf Beherbergung und Verpflegung keine großen Ansprüche. Sie gehörten nicht zu den „großen Tieren", die in der Residenz ihre Villen mit Agaven und Rhododendren haben, bei denen Equipagen vorfahren, in denen mindestens ein Kommerzienrat sitzt; nein, es waren junge Leute, die noch etwas lernen wollten, die ausgegangen waren, um mit der Natur Fühlung zu gewinnen, was ihnen denn auch in Spickaalsdorf ohne Mühe gelang.

Es war ihnen gleichgültig, wie sie wohnten und wo

sie schliefen, denn sie schliefen auf einem Baumast ebenso vortrefflich wie im Daunenbett. An einer Stelle des Strandes hatten sie sich selbst eine kleine Hütte aus Fichtenzweigen erbaut; das war damals die ganze Badeanstalt, und daß für die Bäder nichts bezahlt wurde, verstand sich von selbst. Man lebte damals noch rasend billig in Spickaalsdorf. Es kam den Eingeborenen nicht in den Sinn, aus dem Aufenthalt der Künstler an ihrem Ort einen besonderen Vorteil zu ziehen. Sie waren überzeugt davon, daß diese lustigen jungen Menschen sehr wenig Geld besaßen, und hatten sie gern, auch wenn sie dieselben für eine Sorte von harmlosen Verrückten hielten. Die dort übersommernden Maler aber führten ihrer Meinung nach ein köstliches Leben an diesem Ort. Sie badeten in der See, fuhren mit den Fischern auf den Flundernfang, durchstreiften den Wald, lagen im weißen Sande oder rollten sich die Dünen hinunter und arbeiteten dabei auch fleißig und mit Erfolg. Wenn der Herbst kam und im Dorngesträuch die roten Beeren schimmerten, zogen sie heim in die Hauptstadt mit vielen Entwürfen in ihren Mappen, an Leib und Seele erfrischt und ohne von den Eingeborenen geplündert zu sein. Das war, wie diese ersten Besucher von Spickaalsdorf behaupten, die goldene Zeit für den Ort.

Sie sollte nicht lange währen. Die Lehrer, welche bei der Aufsuchung von Sommerfrischen den Spuren der Künstler folgen, hatten bald herausgefunden, daß Spickaalsdorf ein Ort war, wo man billig lebte und wo noch primitive Verhältnisse herrschten. Nicht lange dauerte es, so begannen sie, sich dort hineinzulegen. Da sie aber mit Kind und Kegel kamen und denn doch schon etwas größere Ansprüche in bezug auf Quartier und Verpflegung machten als die halbwilden Künstler, so wurde durch sie der Charakter des Ortes bald nicht unwesentlich verändert. Für den stärkeren Zuspruch von Sommergästen wurden die Häuser zu en-

ge, obgleich die Fischer mit den Ihrigen sich in die unscheinbarsten und unbequemsten Hinterbaulichkeiten zurückzogen. Dann wurde hier und da etwas aufgesetzt und zugebaut, und am Ende wurde sogar der Grund zu neuen Häusern gelegt, bei denen man an die Aufnahme von Badefremden dachte. Die Preise zeigten ein leises Anschwellen, das in Künstlerkreisen nicht unbemerkt blieb. Der Krugwirt erhob sich selbst zum Gasthofsbesitzer und richtete einen ordentlichen Mittagstisch ein. Er erweiterte seine Bierverbindungen und schaffte einen leichten Moselwein an für Liebhaber dieses Getränkes. Woher besagter Wein stammte, konnte nicht ausgemacht werden, es hatte aber die meiste Wahrscheinlichkeit für sich, daß er von einer nördlich gelegenen Insel kam, auf der weiße Blaubeeren wuchsen.

Zugleich wurden am Strande mehrere Bretterbuden erbaut, welche die Anfänge einer wirklichen Badeanstalt bildeten. Schon mußte für die Bäder etwas bezahlt werden, aber der Preis dafür war noch ein sehr mäßiger, es bestand noch keine Badeverwaltung, es wurde noch keine Kurtaxe erhoben. Auch musikfrei blieb der Ort noch längere Zeit. Man hörte noch kein Piano erklingen und noch keinen Leierkasten, aber gesungen wurde schon ziemlich viel. Von der besonnten Düne erscholl es „Im kühlen Keller sitz' ich hier", und von der See her, auf der man in Fischerbooten spazieren fuhr, ertönte am Abend nicht selten die schöne Weise: „Die Nacht ist kühl und es dunkelt, und ruhig fließet der Rhein". Überall spielt sich der Kampf ums Dasein ab. Eines vertreibt das andere von der Stelle, wo es sich angesiedelt hat und zu bleiben gedachte. Die Wanderratte verdrängt die altheimische Hausratte, und dem Sperling müssen in den Gärten und der Umgebung unserer Städte die Singvögel Platz machen. Die Kräuter der Wildnis weichen der Pflugschar, und an ihre Stelle treten nützliche Kulturgewächse. An diese wieder drängen sich dreiste oder listige Unkräuter heran und nehmen mit ihnen den Kampf auf.

Etwas Ähnliches vollzog sich in Spickaalsdorf. Als die Lehrer in immer größerer Zahl einrückten, konnten sich die Maler nicht mehr halten; der Ort wurde für sie zu zivilisiert und zu teuer, einer nach dem anderen verschwanden sie und suchten entlegenere Küsten auf. Aber auch die Herrschaft der Lehrer dauerte nicht gar lange Zeit. Ja, wenn sie reinen Mund gehalten und geschwiegen hätten, wie sie es sich vorgesetzt hatten, so würde ihr Sommerparadies ihnen wohl lange Zeit noch erhalten geblieben sein. Aber in winterlichen Abendgesellschaften, im gemütlichen Zusammensein bei Bier und Wein plauderten sie doch so manches aus, und so gewann die übrige Welt, die im Sommer Seebäder zu besuchen gewohnt ist, von Spickaalsdorf Kunde, fiel begierig über den Ort her und bemächtigte sich seiner. In kurzer Zeit wurde die bescheidene Malerkolonie zu einem emporblühenden beliebten Badeort, wie es in den Zeitungen hieß.

Die Eingeborenen merkten bald, daß aus ihrem Ort etwas zu machen sei. Häuser wuchsen aus dem Boden, und in den Wohnungen für Badegäste machte sich ein gewisser Komfort bemerkbar, von dem in der

Malerzeit noch nichts vorhanden gewesen war und in der Lehrerzeit erst sehr wenig. Schon war man nicht mehr zufrieden damit, wenn in einem Zimmer ein Tisch mit zwei Stühlen stand, man verlangte auch noch ein Kanapee, eine Kommode und einen Spiegel. Man schüttelte den Kopf, wenn nicht die Wand mit einem kostbaren Neuruppiner Kupferstich geziert war. Vor dem Hause mußte auch eine Laube sein. Eine solche ließ sich allerdings leicht herstellen mit Hilfe weniger Stangen, an die man Bohnen pflanzte.

Der Gastwirt bekam einen Konkurrenten, der außer einem blumigen Mosel auch noch einen sehr preiswürdigen Bordeaux führte. Woraus derselbe gemacht war, wollte er nicht sagen, wußte es vielleicht auch selbst nicht. Der Geschmack dieses Weines erinnerte an eine leichte Tinte, der ein gut Teil Essig zugesetzt ist.

Es ist merkwürdig, wie schnell die wilden Männer, die uns in Europa besuchen, mögen es nun Zulukaffern oder Nubier, Indianer aus Nordamerika oder Feuerländer sein, den Wert des Geldes kennen lernen und mit unserem Münzsystem sich vertraut machen. Auch die Eingeborenen unserer Seeküsten, die allerdings schon von Hause aus etwas zivilisierter sind als jene ausländischen Wilden, erweisen sich in dieser Hinsicht als sehr bildsam, und davon machten die Urbewohner von Spickaalsdorf keine Ausnahme. Wie verstanden sie es bald, mit der steigenden Saison die Flunderpreise zu steigern, nachdem sie gemerkt hatten, daß die Badegäste sich um diese köstlichen, nur von ihnen selbst, den Fischern, als Speise nicht allzusehr geschätzten Plattfische förmlich rissen! Nun wurde immer nur wenig gefangen, wie sie behaupteten, und wenn Sie den Fremden auf deren Bitten für teures Geld etwas abließen, so geschah es anscheinend mehr aus angeborener Gutmütigkeit, als um ein Geschäft damit zu machen.

Ähnlich war es mit anderen Dingen. Die Preise, die

zuerst nur ein leichtes Anschwellen gezeigt hatten, schnellten nach einiger Zeit auf überraschende Weise in die Höhe, so daß die Lehrer bis auf wenige besonders günstig situierte genötigt waren, den Platz zu räumen.

Es wurde aber auch für das Geld etwas geboten. Die Eingeborenen hatten aus sich heraus eine Badeverwaltung und einen Verschönerungsverein gebildet. Zwei ordentliche Badeanstalten waren errichtet, ein Bademeister war berufen, Badefrauen waren eingesetzt worden. Das Trinkgeld, das um die Zeit der Maler noch eine ziemlich unbekannte Größe gewesen war, fing an eine wichtige Rolle zu spielen.

Der Verschönerungsverein, der von jedem Badegast einen kleinen Tribut erhob, legte im Walde einen Promenadenweg an und stellte hie und da Bänke auf sowie auch eine Mooshütte. Hervorragenden Badegästen zu Ehren wurde vom Verschönerungsverein ein Platz „Meyers Ruhe", ein kleiner Berg die „Elsenhöhe" und ein besonders schöner Punkt „Schultzes Blick" getauft.

Mit der Zeit siedelten sich zwei Kaufleute im Ort an. Sie wohnten einander gegenüber, standen gewöhnlich vor der Tür und beschossen einander mit giftigen Blicken. Jeder von ihnen gab genau darauf acht, wer bei dem anderen aus und ein ging, und verzehrte sich in Neid wegen jeder Schachtel Streichhölzer, die der Konkurrent verkaufte. Jeder von beiden suchte den anderen zu überbieten in Delikatessen, die er für die Badegäste feilhielt. Der eine von ihnen ging darin so weit, daß er vom Frühjahr ab in seinem Laden ein Fäßchen Kaviar stehen hatte. Merkwürdig! So mancher sah beim Vorübergehen in das Fäßchen hinein, keiner aber wollte von dem Kaviar kaufen. Indessen stand doch das Fäßchen da, imponierte sehr und berechtigte den Kaufmann dazu, in sein Schaufenster einen Tafel zu stellen mit der stolzen Inschrift: „Echter Astrachauer Kaviar!" Als die Saison vorüber

war, verkaufte er den Inhalt des Fäßchens für ein weniges an einen Fischer, der damit seine großen Wasserstiefel geschmeidig machte.

Wann der erste Geheime Rat in Spickaalsdorf angekommen ist, läßt sich mit Sicherheit nicht mehr feststellen. Es wird ungefähr um die Zeit gewesen sein, als das erste Klavier auf grundlosen Sandwegen mühsam aus der nächsten kleinen Stadt nach Spickaalsdorf geschafft wurde. Es war bestimmt für den Saal in dem neuen Gasthof „Zur Schönen Aussicht", wo es seitdem von „talentierten" Badegästen weidlich gemartert worden ist. Um dieselbe Zeit tauchten auch in dem genannten Gasthof die ersten Speisekarten mit Beefsteak und Kotelette auf. Und auf einmal war ein Kellner da.

Wie sehr aber hat sich seitdem Spickaalsdorf noch entwickelt, wie großartig ist es seit dieser immerhin noch einfach zu nennenden Zeit geworden! O Spickaalsdorf, wie sehr hast du dich verwandelt! so rufe ich aus, indem ich an Ort und Stelle diesen Bericht, der eine kurzgefaßte Geschichte des Ortes ist, niederschreibe. Jetzt haben wir auch schon eine Strandhalle hier, wie die anderen Bäder, und in dieser sitze ich eben und höre, wie zwei Badegäste über dem Zeitungslesen in heftigen Streit miteinander geraten sind. Natürlich gehören sie entgegengesetzten politischen Richtungen an, wie die beiden Blätter, die sie sich hierher nachschicken lassen. So etwas konnte früher hier nicht vorkommen. Die Maler hielten sich überhaupt keine Zeitung, und wenn sie sich bei Regenwetter einmal in das „Amts- und Verordnungsblatt für den Kreis Flundershausen", das beim Krüger zu finden war, vertieften, so machte sie das doch nicht aufgeregt oder erbittert. Die Lehrer hielten sich einige milde und parteilose Organe. In diesen lasen sie, ohne dadurch aus der beschaulichen Stimmung gebracht zu werden, welche die Hauptbedingung für eine erfolgreiche Seebadekur ist, oder sie unterhielten sich über Präpositionen oder andere friedliche Gegenstände. Jetzt aber sind hier politische Blätter aller Art vorhanden, und damit ist der ganze Parteihader aus der argen Welt nach Spickaalsdorf übertragen. Ich glaube, die Eingeborenen sind auch schon davon angesteckt.

Das kommt mit davon, daß wir jetzt im Sommer hier eine Postexpedition haben und sogar eine telegraphische Verbindung mit der Außenwelt. Und was haben wir außerdem noch alles in den letzten Jahren hier bekommen! Jetzt gibt es schon nicht weniger als fünf Buden, in denen allerhand Schnurrpfeifereien und „Andenken an Spickaalsdorf" verkauft werden: bunte Muscheln, Serviettenringe, Kästchen, Kaffeetassen und anderes solcher Art. Wir haben zwei Leihbibliotheken hier, einen Photographen und sogar einen Badearzt. Es ist ein Doktor, der aus einer benachbarten Stadt hierher kommt und die Saison mitnimmt. Früher hätte ein Arzt hier nicht existieren können. Den Malern fehlte nie etwas und den Fischern erst recht nicht. So lange diese lebten, waren sie gesund, und wenn sie dann endlich sterben mußten, konnten sie das auch ohne Arzt zustande bringen. Jetzt findet ein solcher hier schon eher Beschäftigung. Es fällt doch einmal eine Dame in Ohnmacht oder ein Kind klemmt sich oder ein anderes überißt sich an unreifen Stachelbeeren. Viel wirft das nicht ab, aber der Doktor hat doch das Mitleben dabei und den freien Genuß des Seebades.

Auf der „Strandpromenade" wird schon etwas auf Toiletten gegeben, man merkt es, daß Spickaalsdorf sich mehr und mehr zum Weltbad entwickelt. Auch Kunstgenüsse fangen an sich einzubürgern. Ein Taschenspieler war schon hier, desgleichen ein Bärenführer und ein Leierkastenmann. Künstlerisch und poetisch veranlagte Badegäste haben schon einmal eine musikalisch-deklamatorische Reunion veranstaltet. In dieser Woche aber wird ein reisender Virtuose hier erwartet, der im Hotel „Zur schönen Aussicht" ein wirkliches Konzert geben will. Vielleicht bin ich, ehe es dazu kommt, schon von hier aufgebrochen. Ich möchte nämlich gern ausfindig machen, wo die Lehrer geblieben sind. Habe ich den Anschluß an diese erreicht, so komme ich vielleicht auch dahinter, wohin sich die Maler verzogen haben. Ich gäbe etwas darum, zu wissen, was von ihnen wieder ausgespürt ist.

um 1910

Toska Lettow
Zwante Wustrowe

*D*ie Landstraße führte nach Ahrenshope, dem Badeort, den man von Wostrowe aus in einer Stunde erreicht, Colvin schlug diesen Weg ein. Die Schönheit
des Ortes fesselte ihn. Man fand dort alte Bauernhäu-
ser von Weißdornbäumen umgeben. Und wie seltsam
waren diese Bäume! Ihre Zweige neigten sich zuein-
ander, verwuchsen miteinander. Sie wurden zu Köni-
gen mit langen Bärten, zu Raubrittern, die an den
Haaren gehängt wurden. Die stolzen Tannen waren
die Königstöchter „Gudrun und Anne-Marei". Da
knarrten sie winddurchweht, und Colvin schreckte

aus seinen Träumen. Es war nicht das erste Mal, daß die Bäume ihn in ihren Zauber bannten. Zum dritten Mal ging er den Weg. In Ahrenshope hatte er schon mehr Menschen kennen gelernt, als in Wostrowe, ihn beschäftigten nur die Einheimischen, während er den Malern und Künstlern, die hier Anregung und Erholung suchten, so viel als möglich aus dem Wege ging. Doch die Bewohner von Ahrenshope hatten ihre Geschichte.

Am Fenster des zweiten Hauses sah er ein blasses Mädchen mit tiefdunklen Augenrändern sitzen. Kalt und verschlossen nannten sie die einen, die ihr rätselhaftes Wesen nicht verstanden, und dabei war ihr Herz heißer als einst, und ihr Blut sang in den langen Frühlingsnächten von Liebe und Glück. Sie saß am Fenster und sah hinaus und ließ den Duft der Gartenblumen ihre Hände streicheln. Sie wartete. Colvin sprach zu ihr: „Sei nicht traurig, denn Tränen machen kein Gestorbenes wach!" „Er ist nicht gestorben, denn er lebt; nicht hier bei mir, sondern weit überm Meer!" sagte sie mit solcher Gewißheit, wie der Heiland von Jairi Töchterlein: „das Kind ist nicht gestorben, sondern es schläft." Colvin aber wußte die Wahrheit. Sie hatte ihren blonden Liebsten einen Monat vor der Hochzeit verloren. Er war in der Fremde am Typhus gestorben. Seit jener Zeit ging sie teilnahmslos an allen äußeren Ereignissen vorüber und saß und sann. „Er ist nicht gestorben, denn er lebt und muß wiederkommen!" Diese Zuversicht allein hielt sie noch aufrecht. Colvin versuchte sie zu trösten; aber, was war hier Trost? Worte fielen ihm ein, die er einmal gelesen hatte: „Die Geduldeten des Lebens haben zu schweigen. Es ist etwas so Trauriges um Frauen mit müden Seelen, die stumm den Nacken beugen, deren Wille tot scheint. Und die doch mit einer beinahe übermenschlichen Kraft, die aus verborgensten Tiefen kommt, um ein Letztes ringen." Er nahm ihr nicht ihren Glauben, der sie allein noch stark machte. Weiter ging er ins Dorf hinein und kam an einen wundervoll gepflegten Garten.

Hier wohnte ein Sonderling. Ein alter Schiffer, seine größte Freude waren seine Blumen. Ihr Gedeihen überwachte er sorgsam. Sie liebte er wie Frau und Kinder, die der Tod ihm allzu früh entrissen hatte. Es war rührend, zu sehen, wie der alte Mann die zarten Pflanzen behutsam in die Erde setzte, während der Wetterhahn auf der hohen Fahnenstange ihm ein Lied von seinen früheren Fahrten sang.

Colvin schritt heute hier vorüber. Noch manche Menschen hätte es im Ort gegeben, aus deren Leben zu hören ihm lieb gewesen wäre, aber eine kindliche Scheu verbot ihm, an den Schicksalen des Lebens mit rauhen Fingern zu tasten. Jetzt trat er in den Garten der Gastwirtschaft. „Hier ruh' Dich aus", leuchtete ihm in schönsten Farben, von Rosenrankwerk umgeben, entgegen. Er wollte zur kleinen Fliederlaube gehen, aber Stimmen tönten ihm draus entgegen. Da waren sicher die Künstler versammelt! So wandte er sich zur steinernen Bank und dem Tisch.

„Ideale", hörte er zu sich herüberschallen, „Ideale gewähren uns noch manchmal Täuschung über die Nichtigkeit unseres Wesens. Man kann noch so viele Ideale haben und kein vernünftiges Bild schaffen, wenn man kein gutes Leben führt. Ideale und Leben - nun Kollege, was meinst Du?" wandte sich einer der Maler an eine Hünengestalt mit rotblondem Spitzbart.

„Ideale und Leben, oder sagen wir besser Künstler und Mensch sind durchaus zwei verschiedene Naturen, die man nicht zusammenwerfen darf", erwiderte der Gefragte. „Nehmt mich als Beispiel. Ich hoffe nicht zu anmaßend zu sein, wenn ich als Künstler etwas Gutes zu schaffen glaube, die Kritiker bestätigen es Euch; während ich als Mensch, ach du lieber St. Lukas, meine Geschichten werden Euch nicht unbekannt sein!" Jetzt mischte sich ein Dritter ins Gespräch: „Du wirst Dich bald genug ruiniert haben, lieber Hentzelmann, denn jede Zügellosigkeit rächt sich, rächt sich bitter auch bei der größten Begabung."

„Lari, fari, wer wird gleich alles so tragisch nehmen; hier steckt Euch Zigaretten an, die bringen auf bessere Gedanken!"

Colvin hörte das Knistern des Streichholzes. Dann folgte Schweigen, bis ein junger Maler, der lange über die Worte nachgedacht hatte, begann: „Ideale sind für mich etwas Heiliges, über das man nicht sprechen sollte. Sie wachsen mit unserem Streben und bleiben für uns immer unerreichbar. Wer ein Ziel hat und dafür leiden kann, den brauchen wir!" Er hatte ein Bild geschaffen von unendlicher Reinheit; es war sein erstes Werk und hieß: „Im Hain der Göttin". Vom dunklen Hintergrund hebt sich das lebensgroße, marmorweiße Standbild einer Göttin ab. Mit Augen, in denen alle ungelösten Rätsel der Welt schlummern, blickt sie in die Ferne. Rosenblätter liegen auf Ihren Füßen. Eine Dienerin kniet davor und läßt aus der erhobenen Hand noch mehr der roten Rosen sinken. In griechischen Buchstaben steht unter dem Bild: „Und streute zitternd Dir aus attischem Krug welkende Blätter duftschwerer Rosen auf die nackten, marmornen Füße"

„Doch hören wir einmal die Ansicht der Frauen über dies Thema," bemerkte jemand. „Ich sehe Fräulein Hauptner kommen." „Warum sie sich nur immer so unordentlich kleidet?" fragte Hentzelmann. „Ich kann es bei Frauen durchaus nicht leiden und bei Künstlerinnen erst recht nicht. Ihr Schönheitsempfinden sollte davor zurückschrecken, wenn es nicht alles Tünche wäre, Geheimtuerei und keine echte Begabung!" „Rege dich doch nicht auf, Hentzelmann! Begabung bleibt Begabung, ob sie im Königsgewand oder im Bettelkleid steckt. Aber von den Frauen verlangt man, daß sie neben ihren Unterrichtsstunden, neben den Bildern, die sie schaffen, auch im Haushalte tätig seien, Essen kochen, Strümpfe stopfen und derlei schöne Dinge tun müssen. Versetze Dich in ihre Lage und trumpfe nicht auf, wenn eine eben mehr Künstlerin ist, als Frau. Ohne den Faktor Eitelkeit. Ich weiß, daß Fräulein Hauptner vielen Schülerinnen Malunterricht gibt. Das Grauen vor künstlerischer Unfruchtbarkeit ist ihr größtes Leiden."

Fräulein Hauptner betrat die Laube. Sie warf den Kopf mit den weißen Locken zurück, begrüßte jeden Einzelnen mit weichem Händedruck und hörte aufmerksam auf die Frage über Ideal und Leben. „Ich hatte auch einmal Ideale, doch die sind tot, gestorben im grauen Alltag, von dem wir uns nicht lösen können. Jetzt sehe ich nur immer Farben, Sie glauben nicht, was für Farben, vom tiefsten Violett bis zum Ultramarinblau. Alles ist ein Farbenmeer für mich! Doch meine Schülerinnen wollen es nicht sehen. Blind und taub bleiben sie gegenüber der so deutlich erkennbaren Sprache der Natur. – – – Ideale sind für Kinder, der reife Mensch hat sie im Leben verwunden. Ich stehe vielleicht allein mit meiner Ansicht da; denn den Frauen wird nachgesagt, daß sie zeitlebens immer eine Idealgestalt mit sich herumtragen; aber wenn wir das Bewußtsein haben, einmal etwas zu leisten, ganz einerlei, wann es sei, so können wir glücklich sein!" „Es ist schön, wenn Sie dies Gefühl des Glücklichseins kennen, den meisten bleibt es versagt", bemerkten die andern. Dann brachen sie auf, und jeder trat seinen Heimweg an.

1917

Hans Witte
Fischländer Schiffahrt
am Ende des 18. Jahrhunderts

*I*m östlichsten Winkel der mecklenburgischen Ostseeküste hatte die schon länger getriebene Bauern-
schiffahrt der Fischländer durch die großen Kriege
des ausgehenden 18. Jahrhunderts einen starken Antrieb erfahren. So stark, daß im Frühjahr 1789 zugleich 45 Einwohner des Fischlandes sich um Seepässe bewarben.

Ja, noch mehr, seit kurzem hatten sich in Ribnitz
fremde Schiffer niedergelassen und das Bürgerrecht
des Städtchens gewonnen, „um unter dem Schutz eines mecklenburgischen Bürgerscheins der Rechte
neutraler Schiffer auf der See genießen zu können".
So berichtete die Regierung an den Herzog, wobei sie
die Erteilung der Seepässe an die Fischländer befür-
wortete, sie aber den fremden Eindringlingen zu ver-
weigern riet.

Nach wenigen Jahren (1795) hatte die Schiffahrt

der Fischländer einen solchen Aufschwung genommen, daß die Ribnitzer Domanialbeamten sich nicht genug wundern konnten, „wie hier Untertanen sich selbst überlassen solche weite Reisen bis in das Mittelländische Meer unternehmen können". Daß überhaupt ein mecklenburgischer Domanialuntertan auf den Gedanken kam, etwas selbständig zu unternehmen, wie unglaublich für einen damaligen Domanialbeamten! Und hier lag nicht nur der Plan zu einem selbständigen Unternehmen vor; hier war es auch tatkräftig durchgeführt und unleugbar durch große Leistungen der einzelnen zu überraschenden Ergebnissen gefördert worden.

„Die überhand nehmende Bevölkerung des nur aus 4 Dörfern bestehenden Fischlandes, der Krieg und das Bedürfnis haben", so erklärten die Ribnitzer Beamten „die Erweiterung der Schiffahrt veranlaßt. Dies Land ist so fruchtbar, daß es nach zwei Generationen an Raum zu Wohnungen für die Menge Menschen fehlen wird. Hierzu kommen die originellen Sitten und Gebräuche, die höchst mäßige Lebensart, vorzüglich aber die Liebe zum Vaterlande, welche bei diesen Leuten so groß ist, daß sie nicht auswärts heiraten, sich mit keinen andern Untertanen des Amts vermischen, sondern gleichsam immer in einer Familie bleiben; und da die vaterländische Erde sie nicht alle ernähren kann, so suchen sie ihre Subsistenz aus entfernten Ländern zu holen." Also lebte doch noch in einem kleinen Winkel unsers Landes ein starker, ungebeugter Sinn von Männern, die noch nicht entartet waren unter dem Druck der Leibeigenschaft und der Fronden, die es weder verlernt noch feige aufgegeben hatten, im Kampf mit dem widrigen Schicksal ihre Kräfte zu stählen. Und sie, die alle Tage ihre Stirn dem dräuenden Sturm und den Wogen des Meeres entgegenstemmten, die ihr Daseinsrecht sich täglich im Kampfe mit den Elementen neu erwarben, sie hatten sich das erhalten, was ihren gleichgestellten

Landsleuten längst abhanden gekommen war, die Liebe zum Vaterlande! Nicht zu dem großen deutschen, von dem wohl nur wenige eine bestimmte Vorstellung haben mochten, auch nicht zu Mecklenburg, sondern zu der engen und dürftigen Scholle Landes, die sie ihre Heimat nannten.

Und diese Liebe in ihrer einfachen und klaren Stärke war den Beamten ganz unverständlich, „da die Natur sehr stiefmütterlich gegen dies Land gehandelt hat. Auf der einen Seite läßt ein zerstörendes Meer, auf der anderen ein unfruchtbares Erdreich, von jedem Strauch entblößt, ewigen Stürmen ausgesetzt, ohne Holz, Gras und Wiesen nur den Platz zur dürftigen Wohnung und Nahrung von Fischen übrig und doch vertauscht kein Fischländer seine Heimat mit einem Bewohner der Schweiz"!

Die Schiffahrt beschäftigt nur die Büdner und die abkömmlichen Söhne der Hauswirte. „Der Hauswirt ernährt sich mit den übrigen Katenleuten von Ackerbau, der aber fast in keinen Betracht zu ziehen ist, und vom Fischfange. Haben sie keine Schiffsfahrten dabei, so ist ihr Los Armut", erleichtert nur von ihrer großen Genügsamkeit.

Der Schiffahrtsbetrieb bewegte sich in festen, eigenartigen Formen: Die Erfahrensten unter den seefahrenden Büdnern „geben im Winter Unterricht in der Steuermannskunst, worin Sie es gegenwärtig so weit gebracht haben, daß sie mit Hilfe einiger mathematischer Instrumente der Seekarten kundig sind und jedes Meer ungescheut befahren. Eine Gesellschaft von 6, 8, 10, 12 bis 16 Personen schießt demnächst die Summe zum Bau oder Ankauf eines Schiffes vor, für ein neues von 50-60 Last 4000 Taler, für ein gebrauchtes 2500 bis 3000 Taler. Wer den größten Anteil hieran und die meiste Erfahrung hat, wird zum Schiffer gewählt". Dieser wiederum wählt sich einen „Steuermann, 5 Matrosen und 1 bis 2 Jungens von 18 Jahren, welches die ganze Mannschaft ist". Er sorgt für Befrachtung, tritt nach seinem Belieben die Reise an, kommt zum Winter nach Hause, „legt Rechnung ab und teilt den Profit nach dem Verhältnis des Zuschusses an die Interessenten aus," – und dies war für die Beamten das Allerwunderbarste: – „ohne daß ein Blatt Papier dabei gebraucht wird".

Jeder nimmt seinen Anteil ohne Mißtrauen entgegen, „welches Zutrauen den ehrlichen Charakter der Fischländer hinlänglich bezeichnet. Oft sind es 1000 und mehr Taler, die ein solcher Schiffer als jährlichen Gewinn zu verteilen hat oder in Unglücksfällen als Zuschuß von den Interessenten fordert, und nie sind beim hiesigen Gerichte Klagen über Betrug oder Verletzung in Schiffahrtsangelegenheiten vorgekommen. Ein völliges Zutrauen in die Ehrlichkeit des Schiffers regiert allein dies Gewerbe wie der Kompass das Schiff." Und was hatten diese einfachen, ja ärmlichen Büdner, die Bradhering, Fretwurst, Staven, Permin, Dade und wie sie sonst noch heißen mochten, die nun als Schiffsherren stolz nach England, Holland, Petersburg, Stockholm, Frankreich, Lissabon, Spanien, Livorno bis in die türkischen Gewässer des Orients ihre Frachten führten, nicht alles vor sich gebracht! Im Jahre 1795 verfügten sie über 56 Schiffe von 50 bis 60 Last. Davon gehörten 30 nach Wustrow, 14 nach Alt- und Niehagen, 8 nach Dierhagen und 4 nach Dändorf. Bei einer durchschnittlichen Bemannung von 7 Mann beschäftigten und ernährten die Schiffe 392 Menschen, ungerechnet die Angehörigen, zu deren Unterhalt sie wesentlich mit beitrugen.

Rechnet man die Schiffe durchschnittlich zu 3000 Taler, so stellten sie ein Vermögen von 168 000 Talern dar. Das war doch eine ansehnliche Leistung dieser armen Büdner. Gewiß, die Zeitumstände waren ihnen zu Hilfe gekommen. Seit dem Kriege, wo die Frachten enorm bezahlt wurden, hatten sie 10 bis 20 v. H. reinen Gewinn gehabt. Viele, so berichten die Beamten, „sind reich, die übrigen sämtlich wohlhabend geworden", wie schon der äußere Anblick zeigt.

So segensreich hatte sich hier die Selbsthilfe ent-
schlossener Männer bewährt, die unbeirrt ihren
selbstgewählten, gefahrvollen Weg gingen. Manche
waren schon von englischen Kapern aufgebracht worden, nachher aber wieder mit reichlicher Entschädi-
gung entlassen. Ihr Unternehmen wurde nicht gedeckt von der Flagge eines machtvollen Vaterlandes.
Außer der mecklenburgischen und Rostocker Flagge
suchen sie Schutz unter der dänischen und schwedi-
schen. Nicht einmal einen eigenen Hafen hatten sie!
Ihre Schiffe lagen verteilt in Rostock, Warnemünde
und Stettin. Der Wustrower Hafen war längst versan-
det und hatte keine unmittelbare Verbindung mit der
Ostsee mehr. Seine schon oft geplante Wiederherstel-
lung war der allgemeine Wunsch der Bevölkerung,
und auch die Ribnitzer Beamten zweifelten nicht, daß
sie „von großem Nutzen für das Fischland sein" würde. Einstweilen blieb die Entwicklung im Aufsteigen.
Im Jahre 1800 waren im Ribnitzer Amt schon an sieb-
zig Schiffe. Sie hatten alle - so berichteten die Beamten -„Frachten auf England geschlossen... und eilen,
durch den Sund zu kommen, ehe die besorgliche
Sperre erfolgt. Man glaubt, daß die mecklenburgische
Flagge allenthalben respectiret werden wird".

Auch in andern Teilen des Landes begann die
Selbsttätigkeit sich zu regen; erst langsam in bescheidenen Anfängen. Aus dem Amt Hagenow wurde 1800
berichtet, daß trotz des durchweg sandigen Bodens
die regsamen und tätigen Einwohner wohlhabend sei-
en. Durch Viehhandel, namentlich auch Pferdehandel, hatten die Hauswirte großen Verdienst. Sie bezo-
gen die Märkte in Preußen und Hannover. Manche
trieben den Pferdehandel schon im Großen und bezo-
gen mit mehreren hundert Pferden die Frankfurter,
Leipziger und andere Messen. Dazu kamen reiche Er-
werbsmöglichkeiten durch Korntransporte.

Sogar viele Büdner hatten hier schon angefangen,

Pferdehandel zu treiben. Solchem ungewöhnlichen Beginnen glaubten aber die Beamten noch entgegentreten zu müssen.

Die Einlieger waren hier in der gleichen Bedrängnis, wie in allen Teilen des Landes. Aber auch unter ihnen regte sich doch schon der Geist der Selbsthilfe. Da sie in den Dörfern des Amtes nicht genug Arbeit fanden, suchten sie auswärts Tagelohn: zunächst auf den adeligen Gütern, aber auch im Lauenburgischen, Holsteinischen, in Hamburg, kurz, wo es etwas zu verdienen gab. In großer Zahl sehen wir sogar diese Binnenländer auf Hamburger Schiffen Dienste nehmen. Im Sommer fuhren Sie nach Grönland zum Robben- und Walfischfang und kehrten gegen den Herbst wieder in die Heimat zurück. Dort konnte für ihre wachsende Menge kaum noch Unterkunft geschafft werden. Der Bau vieler neuer Büdnerkaten war ein dringendes Bedürfnis.

Und weiter im Amt Grabow schien sich eine Binnenschiffahrt zu entwickeln und neue Wasserstraßen finden oder vielmehr alte erneuern zu sollen. Einwohner von Eldena machten 1805 den Versuch, mit kleinen Fahrzeugen von Grabow die Elde und Stör hinauf bis nach Hohen-Viecheln vorzudringen. Der Versuch glückte; man brachte Korn und Waren aus Wismar mit, für die man Produkte des südlichen Mecklenburg hingegeben hatte. Es bestand schon die Hoffnung, daß die neu geknüpfte Handelsverbindung befruchtend auf Handel und Gewerbe einwirken würde.

Aber die unaufhörlichen Truppendurchmärsche, die schon damals das ganze Land in Unruhe versetzten, deuteten schon auf das Nahen der schweren Zeit, die alle diese kleinen Anfänge des Fortschritts zertreten sollte. Die Fremdherrschaft und die Kontinentalsperre, die sie mit sich brachte, legte auch die schon so kräftig erblühte Fischländer Schiffahrt auf lange Jahre lahm. 1911

Albert Einstein
Briefe aus Ahrenshoop

24.6.18

*L*ieber Born!

Morgen müssen wir in die Sommerfrische nach Ah-renshoop (bei Frau Niemann, geb. Ronow). Diese Zeilen zum feierlichen Abschied. Auch ein Danaer-Geschenk folgt mit. Ich habe mit Habers Hilfe Nordström die Reise-Erlaubnis nach Finnland erwirkt (beim Generalstab). Nun möchte er nach Holland zurück, und ich bin leider nicht mehr in der Lage, der Sache nachzugehen. Ich bitte Sie sehr, die Sache zu erledigen. Es eilt, weil Frau Nordström ihr Junges bald in Empfang zu nehmen hat, und zwar womöglich in Holland.

Gute Zeiten wünsche ich Ihnen und Ihrer kleinen Gesellschaft

Ihr Einstein

Ohne Datum

Lieber Born!

Es ist sehr lieb von Ihnen, daß Sie sich Nordströms annehmen. Sie schreiben einfach dem Generalstab, daß N. bereits die Hinreise zugebilligt bekommen hat, auf Fürsprache von Haber. Dann wird ihm die Rückreise wohl glatt bewilligt. Er muß Anfang August zurück, wie ich Ihnen schon schrieb.

Hier ist es wundervoll, kein Telephon, keine Verpflichtung, absolute Ruhe. Ich kann es gar nicht mehr begreifen, wie man es in der großen Stadt aushält. Das Wetter ist nun auch wundervoll. Ich liege am Gestade wie ein Krokodil, lasse mich von der Sonne braten, sehe nie eine Zeitung und pfeife auf die sogenannte Welt.

Was Sie mir von der Trägheit im Kristallgitter erzählen, ist sehr befriedigend. Es kann sich aber wohl nur um die elektrische Energie handeln, da ja die potentielle Energie der übrigen angenommenen Kräfte nach den Grundannahmen der Mechanik nicht in die Trägheit eingeht. Ich freue mich sehr auf Ihre Darstellung der Sache.

Ich lese hier unter anderem Kants Prolegomena und fange an, die ungeheure suggestive Wirkung zu begreifen, die von diesem Kerl ausgegangen ist und immer noch ausgeht. Wenn man ihm nur die Existenz synthetischer Urteile a priori zugibt, ist man schon gefangen. Das „a priori" muß ich in „konventionell" abschwächen, um nicht widersprechen zu müssen, aber auch dann paßt es nicht in die Einzelheiten. Immerhin ist es sehr hübsch zu lesen, wenn auch nicht so schön wie sein Vorgänger Hume, der auch bedeutend mehr gesunden Instinkt hatte.

Wenn ich wieder zurück bin, wollen wir alle wieder gemütlich zusammen hocken, daß Ihr mich wieder schonend einführt in das Getriebe der Menschen, von dem ich jetzt nichts merke. Hoffentlich geht es Ihnen und Ihrer Frau unterdessen wieder gut mit der Gesundheit. Uns geht es gut, auch der kleine Harem frißt und gedeiht prächtig. Herzliche Grüße

von Ihrem

Einstein

Beste Grüße auch an Ihre Frau und Ihre Kleinen; ein andermal mehr!

Ahrenshoop, 2.8.18

Liebe Borns! Je näher die Heimreise, desto mehr regt sich das Gewissen und die Angst vor Schelte wegen verstunkener Schreibfaulheit. Was soll aber auch ein Kerl schreiben, der den ganzen Tag auf der faulen Haut liegt, niemand sieht, wenns hoch kommt ein halbes Stündchen barfuß herumtorkelt? Wenn wir nur letztere schöne Sitte (freiwillig) in Berlin durchsetzen könnten! Das Kleeblatt hat mich sehr ergötzt. Man sieht, daß es drei eingefleischte Steckenpferdreiter sind, die da brüderlich vereinigt sind, zwei in sich gekehrt, eines sorglos ins Leere glotzend. – Neulich las ich, daß die Bevölkerungszahl Europas im letzten Jahrhundert Von 113 Millionen auf fast 400 Millionen gewachsen ist … ein schrecklicher Gedanke, der einen fast mit dem Krieg befreunden könnte!

Auf frohes Wiedersehen!

Euer Einstein

Paul Müller-Kaempff
Erinnerungen an Ahrenshoop

*I*m Sommer 1889 hielt ich mich mit meinem Kollegen, dem Tiermaler Oskar Frenzel, in Wustrow auf dem Fischlande auf, um Studien zu malen. Gelegentlich einer Wanderung am hohen Ufer lag plötzlich, als wir die letzte Anhöhe erreicht hatten, zu unsern Füßen ein Dorf: Ahrenshoop. Wir hatten von seiner Existenz keine Ahnung und blickten überrascht und entzückt auf dieses Bild des Friedens und der Einsamkeit. Kein Mensch war zu sehen, die altersgrauen Rohrdächer, die grauen Weiden und grauen Dünen gaben dem ganzen Bilde einen Zug tiefsten Ernstes und vollkommener Unberührtheit. So sah Ahrenshoop damals aus. Nirgends ein öder Nützlichkeitsbau mit Pappdach, nichts was den Gesamteindruck störte; die Dorfstraße sehr breit und sandig – man sagte: den Ahrenshooper erkennt man an seinem Gange –, kein

Drahtzaun, keine Reklametafel. Hinter dem Dorfe auf dem Schifferberge blickte der Kirchhof mit weißen und schwarzen Holzgittern und Kreuzen herüber, überwuchert von goldgelb blühendem Habichtskraute. Stieg man weiter hinauf auf die sogenannte Schwedenschanze, so sah man in die Einsamkeit hinaus. Nirgends ein Haus: Dünen, Wald und See, in der Ferne die dunkle Linie des Darß. Die Dünen gekrönt von uralten Weißdornbäumen Stechpalmen und wilden Rosen.

Das war ein Studienplatz, wie ich mir immer gewünscht hatte!

Schon am nächsten Morgen zogen wir in aller Frühe mit unserm Malgerät hinaus, um abends hungrig wie die Wölfe nach Wustrow heimzuwandern. Aber eines Tages trafen wir einen Kollegen in den Dünen an seiner Staffelei: Karl Malchin, der mit seiner Familie sich dort eingemietet hatte und eigene Wirtschaft führte, denn ein Unterkommen mit Verpflegung gab es damals dort nicht. Frau Malchin, die sich unserer erbarmte und uns den Weg von und nach Wustrow mit unserem Gepäck ersparen wollte, ging von Haus zu Haus, um ein Unterkommen für uns zu suchen. Und es glückte: ein altes kinderloses Ehepaar nahm uns in ihr Häuschen auf, aber erst mußten wir vor der Frau – Mutter Schumacher – ein Examen bestehen, ob unsere Ansprüche auch bescheiden seien und ob wir immer zufrieden sein wollten mit dem, was sie uns vorsetzte. So zogen wir denn hinaus, von den Wustrowern unter Kopfschütteln bedauert, als ob wir nach Sibirien auswandern wollten. Nun, bei Mutter Schumacher waren wir gut aufgehoben, nur das Bett hatte ich in Verdacht, daß es aus einer mittelalterlichen Folterkammer stammte. Aber was erträgt man nicht und woran gewöhnt man sich nicht, wenn man jung und voller Begeisterung ist! Nun ging ein eifriges Studienmalen los; Jahr für Jahr kam ich wieder, und als ich mir – natürlich auf Schumacher-

'schem Grund und Boden, ein eigenes Haus mit Atelier gebaut hatte, kam bald Hausbesuch, Freunde und Kollegen, ein fröhlicher Kreis, der sich ganz als Herr der Situation fühlte. Wo ein halbes Dutzend junger Leute zusammen hausen, wird auch bei mäßigem Konsum manche Bierflasche etc. leer, und wenn es lange Wochen dauert, werden es viele. Nun, die leeren Flaschen wurden in einer Ecke des Hofes aufgestapelt, bis mir ein zarter Wink wurde, sie fortzunehmen, denn „die Wustrower kämen Sonntags, um den Flaschenberg anzustaunen". Eines Tages kamen drei Eingeborene geheimnisvoll zu mir und erzählten nach längerem Zögern, bei einem von ihnen sei ein Fremder angekommen und habe sich dort eingemietet, der ihnen unheimlich sei, es müsse ein Spion sein, vielleicht aus Dänemark. Auf meine Frage, woher dieser Verdacht komme, hieß es dann, der „Kerl" wäre schon acht Tage da und malte gar nicht! „Wat will hei denn hier, wenn hei nich malt! Dat is en Spion!" Das war der erste Ahrenshooper Badegast.

Meine Malschule brachte aber bald weiteren Zuzug und mit den Schülern und Schülerinnen kamen Freunde und Angehörige, Ahrenshoop wurde bekannt, es entstand das erste Hotel auf hoher Düne und die ersten Pensionen. Aber am schönsten war es doch, wenn die Badegäste fort waren, wenn der Herbst mit seinen oft noch im November milden Tagen kam, wenn die Birken sich golden färbten, die Kirschbäume in leuchtendem Rot glühten, im Darß die Hirsche schrien, auf den Feldern die Kartoffelfeuer brannten und die Gärten voll bunter Herbstblumen standen. Kam dann der Winter und brachte Schnee und Eis, dazu blauen Himmel und Sonnenschein, dann erblühte eine Fülle ungeahnter Schönheit.

Und schob der Nordost und jagte mächtige Wellen brüllend an Strand und Dünen, daß diese oft zur Hälfte fortgespült senkrecht wie eine Mauer standen, dann war es gar behaglich im eigenen Heim und im

freundlichen Verkehr mit Kollegen, die sich allmählich auch ein Heim in Ahrenshoop gegründet hatten.
Ich nenne nur Wachenhusen, Richter-Lefensdorf,
Grebe und Elisabeth von Eicken, deren schöne Wald-
bilder im Rostocker Museum hängen. Wie viele Bilder
habe ich in den langen Jahren von Ahrenshoop, Alt-
und Niehagen gemalt! In alle Winde sind sie zerstreut,
bis Argentinien und selbst bis China. Diese ernste
Landschaft sagt meinem Empfinden am meisten zu,
so habe ich stets derartige Motive bevorzugt. Wir sollten doch nur unsere Heimat malen, mit der wir ver-
wachsen sind und die uns von Kindesbeinen an vertraut ist, statt uns die Motive aus anderen Ländern zu
holen.

So sind die Jahre dahingegangen. Mutter Schumacher blieb mir auch im eigenen Hause eine treue
Wirtschafterin. Nebenbei richtete sie in ihrem Häuschen einen vielbesuchten Mittagstisch für Badegäste
ein und hat in ihrer winzigen Küche oft für 50 und
mehr Gäste gekocht. Das heißt, sie kochte auch auf
ihrem Hofe, und wurde daher einmal feierlich zur

„Hofköchin" ernannt. Diese Frau war ein Original, in dem von Jahren und harter Arbeit verwitterten Antlitz sah man noch die Spuren einstiger großer Schönheit. Sehr intelligent und von großer Güte ist sie heute noch Hunderten ihrer Tischgäste, darunter nicht wenigen Mecklenburgern, in freundlicher Erinnerung. Sie sprach fast nur Platt, nur wenn sie unberechtigte Ansprüche überlegen und oft mit Witz zurückwies, bediente sie sich des Hochdeutschen. Aber ein Wesen gab es, zu dem sie nur Hochdeutsch sprach, das war ihr Hund, ein total mißglückter Dackel, oder vielmehr Dackelin mit dem schönen Namen Minka. Sie behauptete steif und fest, Minka verstände kein Platt, da sie aus der Stadt komme, und so hörte ich sie einmal in ihrer Küche sagen: „Meine liebe Minka, möchtest du nun auch Mittag essen?" Minka mochte natürlich immer. Aber dieser unförmig dicke Hund war ein Ausbund von Klugheit, holte er doch auf Mutters Befehl mit unfehlbarer Sicherheit Vater Schumacher von seinen Netzen am Strande, wenn das Essen fertig war. Letzterer war in jungen Jahren Matrose gewesen, war aber kaum über die Ost- und Nordsee hinausgekommen. Doch, einmal war er im Mittelmeer gewesen und von dort hatte er seine schönste Erinnerung mitgebracht. In Messina hatten er und seine Mitmatrosen sich in der nächsten Hafenkneipe an dem ungewohnten feurigen Südwein einen derartigen Rausch angetrunken, daß der Kapitän mit der Abfahrt drei Tage warten mußte, bis seine Mannschaft wieder nüchtern war.

In jungen Jahren hatte Mutter Schumacher in einem Predigerhause gedient und dank ihres glänzenden Gedächtnisses stak sie voll von Zitaten, die aus ihrem Munde sehr drollig klangen. Als ich sie einmal auf dem dunklen Hausflur umgerannt hatte und schon fürchtete, daß sie sich ernstlich verletzt hätte, ertönte plötzlich ihre Stimme: „Nun hast du mir den ersten Schmerz getan." Es verging kaum ein Tag, an dem sie nicht die kleinen Tagesereignisse mit solch klassischen Zitaten gewürzt hätte. An langen Winterabenden, wenn sie keine andere Lektüre hatte, las sie ihrem Alten Kochrezepte vor, und wenn sie an ein besonders gutes kam, pflegte Vater Schumacher zu sagen: „Mudding, dat kannst noch mal vörlesen, dat sall ja woll to schön schmecken."

Unter ihren Gästen machte sie keinen Unterschied, Titel und würden imponierten ihr nicht. Eines Tages hatte eine alte Exzellenz ein Bild von mir gekauft, und als der alte Herr meinte, er habe es sehr preiswert erstanden, sagte Mutter Schumacher: „Schad' nich, Exz'lenz, lütt Veih makt ook Meß." Ein Vergnügen war es, die alte Frau erzählen zu hören von vergangenen Tagen, konnte sie doch in ihren alten Tagen einige 60 Jahre zurückdenken. So von Schmugglergeschichten, von Schiffbrüchen, Wassersnot und Sturmfluten und von dem im Ahrenshooper Walde spukenden Franzosen, der dort Anfang des vorigen Jahrhunderts hinterrücks vom Pferde geschossen war und mit dessen wohlgefüllter Geldkatze der Führer seinen verschuldeten Hof gerettet haben soll.

Jetzt liegt Mutter Schumacher längst unter dem grünen Rasen, Ahrenshoop ist Badeort geworden, und nur wenige wissen, wie schön es einst war, als es ringsum noch spottweise „Pauwerdörp" genannt wurde.

1926

Ernst Duis
Wanderungen auf dem Darß

Die Halbinsel Darß und die Insel Zingst – vom hoch-
dünigen Arm der mecklenburgischen Fischlandküste
gehalten und durch den Saaler, Bodstedter und Barther
Bodden vom Festland getrennt –, sind die westlichen
Eckbastionen der pommerschen Heimat; ein typisches
Seeland – von Wasser und Wind geboren und mit See
und Sturm kämpfend. Heute sind Darß und Zingst vereinigt, zwei Geschwister, in ihren großen Wesenheiten
einander ähnlich, ihrem äußeren Gesicht nach aber
grundverschieden – der Darß ein großes Waldland,
Zingst dagegen größtenteils Dünenland, Heide und Bod-
denlandschaft. Noch heute würde das Ländchen kaum
bekannt und genannt sein, wenn nicht die See und der
Wald die Menschen angelockt und Maler und Schriftsteller nicht die Wunder dieser neu-alten Landschaft gepriesen hätten. Wildheit und Einsamkeit, Kampf und
Vergessen, Trotz und träumendes Lachen singen hier
ihre einfachen aber starken Lieder.

Die Pforte zum Darß ist Ahrenshoop. Die bunten Häuser der Fischer, Bauern, Maler und Künstler krabbeln in den hohen Dünen herum und lugen aus dem dunklen Fichtengrün heraus, als ob sie an der See Maskerade spielen wollten. Ahrenshoop ist lustig, ganz Auge, ganz Farbe, von Wustrow herüber der scharfe Strich der abgebrochenen Steilküste, im Osten der Bodden, in dem sich das Dorf beim Sonnenschein spiegelt und vor dem es bei Regen und Nebel sich ängstigt, und dann im Norden der große Darßer Wald, der Märchen erzählt. Die Ritter fanden mit Sicherheit die Plätze, wo sie ihre Burgen bauen konnten, die Mönche die Stätten, wo ihre Klöster stehen mußten, und Maler und Künstler die Dörfer und Katen, in denen sie pinseln, dichten und singen konnten. Es war eine seltsame Bewegung, die im vorigen Jahrhundert Maler, Poeten und Musikanten aus Städten, Dachstuben, Akademien und Ateliers wieder hinaustrieb aufs Land, in die Dörfer, an die See, dahin, wo die Natur in ihrer Unmittelbarkeit und erhabenen Gleichgültigkeit klingt, wo sie mit sich selbst spielt, in einer Einsamkeit, die auch da noch Raum hat; – wo es Menschen gibt, die ihre Abhängigkeit von der Natur dunkel aber stark empfinden; gleichsam mit den Füßen noch in der Erde wurzeln, von Wind und Regen gerüttelt werden, schwingend in dem Rhythmus Säen und Ernten, Arbeit und Schlaf, Abhängigkeit und Auflehnung; Menschen mit einfachen, großen Gebärden und Bewegungen, Gedanken und Empfindungen. Das sind die Bauern in Bruch und Moor, die Fischer an der See, die Heidjer der Heide und die Hirten in den einsamen Bergen. Schon die deutschen Romantiker waren in die Wälder gezogen, an die See und ins Gebirge, erzählten die Märchen der verlassenen Waldschlösser, sangen die Lieder der Hirten und Fischer und wurden stark beeindruckt von den wunderbaren Erlebnissen, die sie von der Natur empfingen. Aber die Natur blieb für sie doch nur Anregung, nur das Mittel, für ihre Erlebnisse und Gestalten einen sensiblen Hintergrund abzugeben. Erst die späten Romantiker Runge und Caspar David Friedrich, beide Pommern, gaben sich ganz dem Atem der großen Natur hin und wurden so zu großen Kündern der Landschaft. Viel später dann erwuchsen in Dachau und namentlich in Worpswede die Künstlersiedlungen. Da malte Paula Becker-Modersohn die armen Bewohner der Moore mit ihren runenhaften, spukhaften Gesichtern, Hans am Ende die einsamen Birken am Moorgraben, Overbeck die stürmenden Wolken über dem Weyerberg, Mackensen die ernsthaften Bauern und Heinrich Vogeler die Märchen von Heide, Dorf und Wald, von den Vögeln und den Blumen. Verknüpft mit ihrer Landschaft, ihrer Heimat, lebten sie mit den Bauern und gingen einen seltenen und bis dahin abseitigen Weg, sie wurden Maler der Heimat, Bewerter und Gestalter einer Welt, die man so noch nicht gesehen hatte und die doch ein Füllhorn von Kraft und Schönheit ist. Man kennt Worpswede und Dachau; in diesem Zusammenhang weiß man aber wenig von Ahrenshoop-Prerow und Hiddensee. Und doch sind die drei Orte heute noch Stätten, in denen Maler und Dichter wirken; wollte man Namen nennen, so könnte man sich wundern, in welchem Maße diese Landschaften diese Menschen angezogen haben und noch anziehen. Ahrenshoop besonders hat sein Gesicht durch die dort ansässigen oder ansässig gewesenen Maler bekommen. Die Künstler haben Altvorhandenes betont und hervorgehoben, Verblichenem die Farbe wiedergegeben, neue Häuser gebaut und dem Ort dadurch seine natürliche Schönheit erhalten, daß sie See, Bodden und Dünen, d.h. die Natur selber als ausschlaggebenden Bauleiter eingeschaltet haben. Nur an einigen Stellen hat man vielleicht zuviel angestrichen und zuviel Stroh auf die Dächer gepackt, aber das Dorf als ganzes wirkt, wie gesagt, freundlich, lustig und echt. Wie die Menschen, so die Häuser und wie die Häuser, so die Menschen. Von der alten Schanze im Bodden grüßen wir Ahrenshoop, winken auch hinüber nach den mecklenburgischen Dörfern Alt- und Niehagen und über den Bodden nach Born, Wieck und Bodstedt.

An der Westküste zwischen Ahrenshoop und dem Darßer Ort liegt der Esper Ort. Ein Kampfplatz, auf dem sich Wind und Wellen mit Sand, Geröll, Bäumen, Gräsern und Sträuchern herumschlagen. Bei West- wind donnern hier die hohen Wellen gegen die zähen Dünen, reißen Land fort, speien Geröll wieder aus und werfen Tang, Balken und alles Zeug, was auf dem Meer herumstrolcht, wieder hoch auf die Dünen hin- auf. Hinter den Dünen ducken sich kleine krüpplige Kiefern, Wacholder und Gestrüpp, den Leib ge- krümmt, die Arme über den Kopf geworfen, die Hän- de zerschlagen. Das scharfe Windschwert hat alles entzweigeschlagen und rasiert. Nur ein paar Stümpfe und einige riesige alte Buchenrecken, mit verfilzten Zweigen, stemmen sich den hartnäckigen Stürmen entgegen, überragen alles mit einer Würde, die nicht nötig hat, über die ins Hinterland geflohenen Kiefern zu spotten. Das ganze Land dort horcht auf den ewi- gen Kampf am Strand. Menschen kommen selten hierher, nur die Förster und Waldarbeiter, seltener Fi- scher und kaum ein Wanderer. Zerschellte und ge- strandete Schiffe am Strand, zernagte Dünen, zer- schlagene Bäume. Die Kampfplätze der Natur haben für uns ein grausig-melancholisches Gesicht. Kärg- lichkeit, wilder und doch so müder Kampf, Unfriede, Unruhe und Vergessen klingen auch dann noch nach, wenn Wind und Wellen ruhig geworden sind und eine strahlende Sommersonne See, Strand und Wald über- strahlt. Der verbissene Atem bleibt, kein Baum- nacken streckt sich, die Grasspitzen ziehen Kreise im Sand – ein seltener Totentanz.

Vom Darßer Orter Leuchtturm herab überschauen wir ganz Darß und Zingst und das Land weit darüber hinaus; nach Norden hin zeigt ein düniger, immer schmäler werdender weißgrauer Finger: die Ostspitze, ganz weit darüber hinaus kann man bei klarer Sicht die Steilküste der dänischen Insel Moen aufragen sehen. Vom Nordosten her leuchtet dann Hiddensee herüber, östlich die hohen Kirchtürme von Stralsund und Barth – und unter uns breitet sich dunkel und schweigend der große Darßer Wald aus; nur selten klatscht aus dem Dunkelgrün ein lichteres Grün der Buchen oder einer Waldwiese heraus. Am Waldrand entlang schlafen ein paar Seen, versumpft, mit viel Schilf umwachsen, für uns unheimliche Gewässer, für Enten und alles Sumpfgelichter aber ein Paradies.

Prerow ist sicher der schönste Ort der Darß. Weit hineingeschoben in einen großen Waldwinkel, wandern seine bunten Häuserreihen auf den Dünenbergen entlang, lassen zwischen sich in den tieferen Wellentälern saftige Wiese liegen, die von gewundenen, mit Bäumen und Gestrüpp überhangenen Sandwegen durchzogen werden, farbige Streifen in einem grünen Bauernkleid. Immer wechselnde Bilder, der eigenartige Wald mit den vielen Wacholderbüschen, herrlichen Buchen, unter den Kiefern der hohe Farn und an den Wasserzügen entlang die goldgelbblühenden Schwertlilien; an der See die bewaldeten Dünen, die mit Schwarzbeeren, Kronsbeeren, Heidekraut und Ginster bewachsen sind; der Prerowstrom, parallel der Küste, schilfumrandet, von weißgestrichenen Brücken überspannt; an den Uferwegen die hängenden Birken; der Ort selber, weit verzweigt, ganz in grüne Bäume und Sträucher getaucht – und endlich die Prerowbucht mit dem hochbeinigen Segelsteg und den stakigen Badehäuschen, im Westen der sichelförmige Darßer Ort mit seinem aufragenden Leuchtturm, – alles Bilder von unendlichem Reiz. So ist es zu verstehen – daß sich hier pensionierte Beamte und Offiziere niedergelassen haben, daß zunehmend der Ort von naturliebenden und erhohlungssuchenden

Badegästen aufgesucht wird und daß in Prerow eine ganz Anzahl von Malern, Schriftstellern und Musikanten eine zweite Heimat fanden. Der kleine Ort von etwa 1500 Einwohnern hat dadurch auch geistig, gesellschaftlich eine Vielseitigkeit und Farbigkeit bekommen, die man nicht vermuten würde.

Von Prerow aus lohnt sich ein Ausflug in die Dörfer Born und Wieck, beide am Bodden gelegen, mit prächtigen Ausblicken über die weiten Binnengewässer. Am Ufer lugen aus dem Schilf heraus die schwarzen und braunen Segel der Fischerbote, trocknen an den Stangen die Netze; langsam drehen sich die Flügel einer Windmühle, braun das Wasser des Bodden und grausilber die schilfbedeckten Bauern- und Fischerhäuser. Man hat hier die Empfindung einer eindringlichen Ruhe und Weltabgeschiedenheit.

Zingst ist wie sein Name, ein Ort, der gleichsam morgens und abends im frischen Seewasser badet und von frischen Seewinden trocken geblasen wird. Blau und weiß mußten die Farben von Zingst sein. Die Häuser mit schmucken Gärten von Hecken eingerahmt, liegen eingeklemmt zwischen See und dem hart an Zingst herandrängenden Bodden. Hier schaut man über ein paar grüne Inselchen hinweg: bis nach Barth hinüber. Zingst ist ein typischer Badeort; landschaftlich bei weitem nicht so schön wie Prerow, ist es glücklicherweise noch nicht durch elende Hotelkisten verunziert und hat seinen Charakter als freundliches Fischer- und Bauerndörfchen bewahren können. Über Zingst hinaus wird es wieder ganz einsam. An der Küste entlang zieht sich der Wald Straminke, der von hohen Dünenketten abgelöst wird, die dann immer niedriger werden und sich ganz im Wasser verlieren. Es ist eine tragische Küste; hier treffen, wie am Weststrand, Sturm und Wellen stetig an Land und Wald; aber hier hilft aller Trotz nichts; das Land wird erbarmungslos fortgerissen, die Baumwurzeln unterwühlt und die Bäume umgeworfen. Die salzigen Fluten, weit in den Wald hineingeschleudert, morden alle Sträucher, Kräuter und Bäume. Nach dem Bodden zu liegen versteckt unter Bäumen ein paar Gehöfte, in den Dünen ist man dann ganz allein. Hiddensee liegt da, – wie aus einer Spielzeugschachtel aufgebaut – auch Rügen, zum Grüßen nah und doch in Wirklichkeit noch weit entfernt. Bei Pramort setzt uns der Fährmann über ans Festland. Er erzählt von den zwei alten Leuten, die auf der kleinen Insel Groß Werder leben. Im Winter sind sie von aller Welt abgeschieden, und auch im Sommer kommen nur selten Menschen auf ihre Ostseehalligen. Auf ihrem Inselschiff habe sie fast ein ganzes Leben zugebracht und eine Reise gemacht in engster Verbindung mit See, Wellen und Sand, mit Wolken, Winden und den Gestirnen.

1927

Friedrich Wilhelm Droß
Ein Ausflug in die Steinzeit

Nachmittags war mein Freund Koch-Gotha mit mir in den hohen Dünen herumgestiegen. Die Sonne brannte uns auf den Puckel. Plötzlich hatte etwas im Sande geblinkt, ein Stückchen Feuerstein mit deutlichen Spuren davon, daß ihm kräftige und doch vorsichtige Schläge seine spitze Form gegeben hatten. Da noch eins – und hier und hier! Wir suchten, gruben, wühlten. Augenscheinlich befanden wir uns mitten auf der Arbeitsstätte eines Steinzeitmenschen, die wer weiß wie viele Jahrhunderte hindurch im Sande begraben gewesen und nun freigelegt worden war, als die eine Düne in den letzten Winterstürmen das Wandern gekriegt hatte.

Wir verstauten, sorgfältig wählend, mehrere Zentner zackiger Flintstücke in unseren Taschen und übersahen vor Sammelwut das heraufziehende Unwetter. Naß bis auf die Knochen kamen wir nach Haus. Sollte ein meterdicker Schnupfen mit interpolierter Kopfgrippe plus Lungenentzündung der Erfolg des Ausfluges an die See sein? Ein verschwenderisches Kaminfeuer in Idealkonkurrenz mit viel Sherry und noch mehr Burgunder ergab das Gegenmittel. Zwischen den Gläsern und Flaschen lagen unsre vorgeschichtlichen Funde: Pfeilspitzen, Messer Schaber, Mahlsteinchen usw. Jedes Stück wurde einer kritischen Prüfung unterzogen und mit der Zahl der geleerten Flaschen wuchs das wissenschaftliche Feuer unserer Debatte. „Sehen Sie, dies hat ein Steinbeil werden sollen. Hier ist dem Kerl der Meißel ausgerutscht. Damit war die Schneide verdorben, also hat er es weggeworfen. Steine genug hatte der alte Knabe ja." – „Für eine Speerspitze ist Ihnen dies Ding zu stumpf? Na, Sie haben eine Ahnung von der Psychologie des Steinzeitmenschen! Aus nächster Nähe mit Manneskraft in den Bauch gerannt – danke Komma !"

Wann wir zu Bett gingen, weiß ich nicht mehr. Ich kann mich noch immer nicht an die vierundzwanzig Stunden-Rechnung gewöhnen. Koch-Gotha murmelte etwas von „Dreiviertel Achtundzwanzig". Jedenfalls schlief ich sofort ein.

Als ich aufwachte, standen wir wieder an unserer Fundstelle. An der Düne lehnte eine kleine Lehmhütte. Ein blonder Hüne in wallendem Vollbart, spärlich mit einem Schurz aus Ichthyosaurusfell bekleidet, saß davor. Zwischen den Knien hielt er einen kopfgroßen Flintsteinblock, von dem er vorsichtig ein Splitterchen nach dem andern meißelte. „Was soll denn das werden?" fragte ich neugierig. „Eine Nähnadel." brummte der Steinmensch. „Donnerwetter," meinte Koch-Gotha, „dann müssen Sie aber viel Zeit haben!" – „Na ja, die ganze Steinzeit!" antwortete jener. – Obwohl wir sichtlich störten, war unser Steinzeitgenosse doch zu interessant, als daß wir hätten fortgehen können. Um wenigstens etwas zu sagen, stellten wir uns ihm vor. Als er den Namen Koch-Gothas hörte, sah er uns zunächst sprachlos und zeitgemäß versteinert an, dann ließ er Hammer und

Stemmstein fallen und fuhr in die Höhe: „Was, Koch-Gotha sind Sie? Solchen seltenen Gast muß man feiern!" Damit schlurfte er in die Hütte und kam mit einer bauchigen Urne aus gebrannten Ton zurück, aus der er uns ein bernsteingoldenes Getränk kredenzte „Echter Steinzeitberger-Cabinett! Prosit, meiner Herren!" Und nun wurde er ganz gemütlich. „Sehen Sie, Herr Koch, Sie haben bei uns einen Feuerstein im Brett. Denn Sie bringen doch immer was zum Lachen. Sonst wäre das Leben zu trübe.

Die Zeiten sind schlecht. Absatzstockung und die hohe Umsatzsteuer! Wenn man nichts verkauft – lediglich Lagerware für die künftigen Museen zu verarbeiten, dabei kann man nicht steinalt werden. Es gehören schon steinerne Nerven dazu, den Kopf oben zu behalten. Oft hätten wir nicht mal satt zu essen, wenn mein Junge nicht manchmal eine Steinzeitbutte in der See finge. Nur meine Frau beginnt jetzt ganz gut zu verdienen; sie hat das Drehen von Tonurnen gelernt; darin ist Nachfrage: überall werden die Dinger zu den Wahlen gebraucht. Wenn dieser Verdienst nicht wäre, hätten wir schon längst unsre Fellsteine gepackt und wären nach dem Neandertal ausgewandert. Dort sollen sich die Kollegen noch ganz gut gehalten haben." – „Hm, hm," brummte Koch-Gotha tiefsinnig, „es ist eben alles relativ". „Sie meinen Einstein," sagte der Steinmensch. „Entfernter Verwandter. Ja, wenn man unser Leben sozusagen mit der Steinzeitlupe betrachtet, dann muß man zugeben, daß die Verhältnisse schon bis auf die äußerste Pfeilspitze getrieben sind. Für alle Fälle habe ich mir ein Erbbegräbnis auf dem Hünenfriedhof gesichert..."

Am nächsten Morgen beim Kaffee war Koch-Gotha sehr nachdenklich. „Ob das der Burgunder gewesen ist oder der Sherry?" fragte er und strich sich prüfend über das Kinn. „Ich träumte vorhin, mein Friseur in Berlin bearbeite mich mit einem Rasiermesser aus Feuerstein – na, ich sage Ihnen...!"

1927

Hans Braß
Das Ahrenshooper Gesicht

Nicht von den Gesichtern der Einwohner Ahrenhoops soll hier die Rede sein, das wäre eine nicht reizlose Aufgabe für den Photographen. Unter dem Ahrenshooper Gesicht ist jene unaussprechbare Ähnlichkeit zu verstehen, die sich nicht beschränkt auf die Menschen gleicher Lebensumstände, sondern sich ausdehnt auf die Tiere, die Pflanzen, ja selbst auf die Gegenstände der anorganischen Welt.

Der Unterschied in der Gestalt der Menschenrassen ist uns nichts Verwunderliches, obgleich er schwer erklärbar ist. Dieser Unterschied ist etwas so sehr in die Augen springendes, daß man sich mit der Tatsache einfach abfindet. Schwieriger ist es bereits mit dem Unterschiede der Völker gleicher Rasse, da er schon weniger deutlich ist. Noch mehr aber verwischt ist der Unterschied zwischen den einzelnen Stämmen desselben Volkes. – Es gehört eine gewisse Menschenkenntnis dazu, auf den ersten Blick den

Hannoveraner oder den Märker als solchen zu erkennen.

Viel komplizierter wird dieser Begriff der Ähnlichkeit dann, wenn es sich um die Bewohner gleicher Städte handelt. So sehen alle echten Berliner untereinander gleich aus. Die Hamburger erkennt man leicht, – oft die Bewohner anderer Städte. Aber auch die Ausübenden gleicher Berufe, die Angehörigen gleicher Gesellschaftsklassen sind untereinander gleich, unterscheiden sich aber trotz dieser Gleichheit vom Berufsgenossen in einer andern Stadt.

Es ist eine Tatsache, daß dem Europäer, der nie in China oder Afrika war, die Angehörigen dieser fremden Rassen alle untereinander gleich zu sein scheinen. In ganz ähnlicher Lage befindet sich der Großstädter, der alljährlich die Ostseeküste zur Erholung aufsucht. Er sieht die einheimische Bevölkerung nur vom Standpunkte des Großstädters an, nennt sie deshalb Fischer oder Bauern.

Wenn im Winter ein Fremder durch das Dorf geht, dann weiß man: es ist ein Borner, ein Prerower, ein Wustrower oder ein Althäger. Das kommt daher, weil der Fremde nicht das Ahrenshooper Gesicht hat. Er hat nicht diese unerklärbare Ähnlichkeit aller mit allem, die den Bewohnern desselben Dorfes das Gemeinschaftsgefühl untereinander gibt und das sie hartnäckig zu wahren versuchen gegen jedes Eindringen wesensfremder Elemente. Der Kundige, der die Dörfer Born, Prerow usw. kennt, kennt auch das Borner oder Prerower Gesicht. Er erkennt nicht nur, daß jener Fremde in das Ahrenshooper Gesicht nicht hineinpaßt, sondern er erkennt auch sofort das Gesicht des Dorfes, das jener Fremde trägt und von dem er ein Teil ist.

Die Zähigkeit, mit der das Gesicht des Dorfes erhalten wird, hat ihre Schattenseiten, die sich im Leben in teils komischer, teils recht heftiger Weise zu äußern vermag. Der Ahrenshooper wird niemals den

aus dem Nachbardorf zugezogenen für einen Ahrenshooper ansehen und wenn dieser auch schon zwanzig
Jahre lang im Dorf ein geachtetes, und der Allgemein-
heit nützliches Leben geführt hat. Alle diese Zugezogenen bleiben für ihn Fremde – „Eisenbahner" – wie
er sie nennt, weil sie mit der Eisenbahn aus dem
Inlande kamen. Und wenn der Fremde längst selbst
das Ahrenshooper Gesicht restlos angenommen hat,
so verzeiht ihm der Ahrenshooper doch nie, daß er
durch seine Gegenwart oder seine Taten im allerge-
ringsten das Ahrenshooper Gesicht verändert hat.

Selbstverständlich ist dies nicht in dem Sinne
wörtlich zu nehmen, daß der Ahrenshooper sich bewußt und absichtlich dem Neuen widersetzt, das ihm
die Fremden bringen. Alles dies ist mehr psycholo-
gisch zu verstehen. Im Gegenteil gibt es eine ganze
Reihe von Ahrenshoopern, die sehr entschlossen
sind, dem Neuen die Tore zu öffnen. Aber, – um einen
psychoanalytischen Ausdruck zu gebrauchen: sie
müssen dazu erst ihr Ahrenshooper Bewußtsein ver-
drängen.

Aber das sind Familienangelegenheiten des Dorfes.
Unendlich viel reizvoller ist es, den Ursachen dieser
Erscheinung nachzugehen.

Wenn im Spätherbst die letzten Sommergäste vor
den Regenböen des Winters Ahrenshoop verlassen
haben, dann tritt die Eigenart dieses Dorfes erst klar
hervor. Dann empfindet man das Ahrenshooper Gesicht in seiner ganzen Reinheit.

Klarheit gibt es nur, wo Unklarheit ist. Die Sommergäste aber machen das Ahrenshooper Gesicht un-
klar. Und so ist es zu begrüßen, daß sie allsommerlich
herkommen und dieses klare einfache Gesicht trü-
ben, auf daß später die Klarheit um so tiefer empfunden wird.

Zieht der Herbst über das Hohe Ufer, trifft man keinen Menschen, höchstens auf den Feldern einen pflü-
genden Bauern. Der Wind bewegt das Meer - und

schon dies ist seltsam.

Das Wasser ist ein völlig apathisches Element, jeder Anstrengung durchaus abgeneigt. Das Wasser ist ein Ding der Trägheit und des Sichgehenlassens, es sucht nur Muße und Ruhe, Frieden, Bequemlichkeit und Träumerei. Ist hier nicht schon ein kleiner Teil des Ahrenshooper Gesichts erkennbar?

Und nun bewegt der Wind dieses Wasser mühelos in langen, gleichmäßigen und ruhigen Wellen gegen das Ufer. Es ist deutlich, daß dieses Element zu träge ist, dem ihm überlegenen Winde, der im Verhältnis zu seiner flüssigen Körperlichkeit etwas Geistiges hat, einen ernsthaften Widerstand entgegenzusetzen. Es läßt sich von ihm treiben, wohin er will, um doch immer wieder in seinen Zustand tiefer Ruhe zurückzukehren. Zuletzt ist der fremde Geist doch machtlos, und selbst wenn er das Meer für unser Auge wild aufzuwühlen scheint; schon wenige Meter unter der Oberfläche ist es ruhig und unbewegt.

In allem sind Teile des Ahrenshooper Gesichts zu erkennen. Je länger der Blick auf das Meer fällt, je länger das monotone Geräusch der Wellen das Ohr trifft, um so tiefer wird der Mensch ergriffen von diesem einfachen Rhythmus. Die hohen, weißen Lämmerwölkchen und die langen Faden- und Streifenwolken, alle haben denselben Rhythmus angenommen, den der unsichtbare Wind dem Wasser aufgezwungen hat; und nun wird auch das Empfinden wach, daß die harte und trotzig erscheinende Erde die gleichen Wellenbewegungen mitmacht. Zwar ist ein Zeitunterschied vorhanden. Was jene Wasserwellen vor dem Auge sichtbar im Augenblick ausführen, das bewegt sich hier nur in großen Zeitläufen. Wenn man die Wellenbewegungen, die das Meer hier unter dem Einfluß des Windes unmerklich ausführt, mit verkürzten Zeitintervallen filmen könnte, würde man sehen, daß die Erde genau so Wellen schlägt wie das Meer.

Und doch welch ein Unterschied. Das Wasser ist

träge, ohne energischen Willen, nur Ruhe suchend; die Erde aber ist voll angespanntester Starrheit und Hartnäckigkeit. Steil und trotzig richtet sich das Hohe Ufer vor dem Winde auf, streng, fanatisch, unbeugsam. Im Grunde aber hat auch diese Anspannung keinen anderen Sinn, als die eigene, innere Ruhe zu bewahren, untätig zu sein wie das Wasser.

Hier ist ein weiteres Element des Ahrenshooper Gesichtes, bereits ein solches, welches den Ahrenshooper von den Prerowern, Bornern und Wieckern und Zingstern stark unterscheidet, nicht aber von den Alt- und Niehägern und den Wustrowern. Jene haben nichts von dieser erdigen Starrheit, von der zähen Geduld und Hartnäckigkeit der Weststrandbewohner.

Daß dem so ist, kann man empfinden, wenn man einige Tage in Prerow war und nach Ahrenshoop zurückkehrt. Dort ist die Gegend freundlicher, das Meer weniger bewegt, dafür sind die Prerower gleichgültiger und wässriger. Auch über Prerow geht der alles bewegende Wind, aber nirgends trifft er auf die harte, trockene, spröde Erde wie am Hohen Ufer des Weststrandes. Und da dieser Wind auf keine Widerstände stößt, an denen er sich reiben kann, so verursacht er leichte Annäherung der Bewohner untereinander, Wechsel des Verkehrs, vermischt mit Streit und Zank.

Alles dies gibt es in Ahrenshoop nicht. In Ahrenshoop wirkt sich die Erregung, die der Wind verursacht, erdiger aus im Sinne des trotzigen hohen Ufers. Das weiche, schmiegsame Gefühl, wie es etwa der Bewohner des Wald- und Boddendorfes Born besitzt, ist hier nicht zu Hause.

Der Ahrenshooper ist hart wie die Erde, starr wie die Erde, aber auch träg und untätig wie die Erde. Wenn der Wind die Erde bewegt, so bewegt er nicht wie beim Wasser eine fließende Masse, sondern nur einzelne, in sich verkrampfte Körner, kleine, in sich geschlossene Teile. Dieser Egoismus der Erde ist dem Ahrenshooper Gesicht reichlich beigemengt. Diese Beimengung des Erdigen macht das Gesicht kompliziert und problematisch und verursacht, daß ein Leben in diesem Rhythmus nicht leicht ist. Wie viele Maler haben nicht schon, seltsam angezogen von diesem zwiespältigen Gesicht, hier ein Leben versucht. Sie haben entweder rechtzeitig das Feld geräumt, oder sie wurden von diesem sich unablässig bekämpfenden Gegensatze wässriger Apathie und erdigen Ergeizes zerrieben.

Wodurch unterscheidet sich nun das Ahrenshooper Gesicht von dem der anderen Weststranddörfer? Da geht über das Wellenland zwischen Meer und Bodden der Bauer mit dem Pflug. Es ist eine Althäger, weiterhin ein Niehäger, und ganz hinten sieht man Wustrower Bauern die Scholle bearbeiten. In Ahrenshoop hat nur ein Bauer einen Pflug, die andern kleinen Büdner besitzen ein Stück Land, das einen Spatenstich hoch über dem Grundwasser liegt, oder sie haben Gärten, deren Erdreich aus Flugsand besteht.

Das ist das Unterscheidende des Ahrenshooper Gesichts. Jene glätten jahraus, jahrein das wellige Land mit dem Pflug. Die Ernte ist spärlich, aber die enge Berührung mit der Erde gibt diesen Nachbarn Fleiß, Geduld und Klugheit; aber auch Zweifelsucht, Verneinung und unbeugsamen Egoismus. Von all dem ist auch etwas im Ahrenshooper Gesicht; aber der Ahrenshooper ist gewitzter als jene.

Jene bauen ihre Häuser in die Talmulde nach dem Bodden zu, in die sich die Häuser vor dem Winde ducken. Die Ahrenshooper haben eine solche Mulde nicht.

Die ersten Ahrenshooper bauten ihre niedrigen Häuschen hinter jene alte Düne, deren Reste noch an der Boddenseite der Dorfstraße hier und da erhalten sind. Dort wo jetzt die Dorfstraße läuft, begann damals der eigentliche weiße Sandstrand. Kein Baum und Strauch war hier zu sehen. Die alte Düne wurde zum Schutze gegen Wind und Flugsand mit Teufelszwirn bepflanzt. Erst viel später wurde mit Hilfe der Regierung jene neue, bis zum Darßer Ort und weiter am Nordstrand entlang sich hinziehende künstliche Düne gebaut, die dann erst die zweite Häuserreihe an der Meerseite der Dorfstraße erlaubte.

Diese mühevolle Existenzbedingung hat dem Dorfe den ihm eigenen individuellen Stempel, das Ahrenshooper Gesicht, aufgedrückt. Das Wässrige hat dieses Gesicht mit dem aller Küstendörfer gemein. Das Erdige haben die Dörfer des Weststrandes, aber Ahrenshoop hat noch dazu einen deutlichen Einschlag des Luftigen.

Stärker als die anderen Dörfer des Weststrandes mußten sich die Ahrenshooper mit Wind und Wetter auseinandersetzen. Auch ihre Gemüter wurden gleich Meer und Land vom Winde stärker bewegt. Das gab dem Ahrenshooper Gesicht eine stärkere Beweglichkeit, lockerte die Starre, gab Wünsche und Empfindungen. Der erdige Geist der Westdörfer wurde aufgelockert von diesem luftigen Element. Bei aller Halsstarrigkeit und Unbeugsamkeit ist dem Ahrenshooper

ein gewisser Liberalismus eigen, der den andern Dörfern durchaus fehlt. Daher kam es auch, daß von je-
her Künstler und Intellektuelle von diesem Fleckchen
Erde ungemein angezogen wurden.

Eine gewisse Reizbarkeit, Tüftelei und Pfiffigkeit ist
dem Ahrenshooper eigen. Er hat gelernt, sich mit den
Elementen herumzuschlagen, besonders vom luftigen
Element ist er ständig stark berührt. Das hat seinem
Baustil und der ganzen Dorfanlage Gestalt gegeben,
man muß zugeben: eine meisterhafte Gestalt. Kein
Architekt hätte geschickter jede kleine Bodenbewe-
gung ausnützen können, um dem Hause Deckung vor
dem Sturm zu geben.

Und wo dennoch dem Sturm offen Widerstand geboten werben mußte, da wurde mit größter Zweck-
mäßigkeit der Winddruck durch nachgebende Linien
vermindert. Als dann später die Maler kamen, hatte
Ahrenshoop das Glück, daß diese das Einfühlungsge-
setz instinktiv begriffen und sich mit dem Bau ihrer
Häuser danach richteten.

Mit diesen Häusern der Müller-Kaempff, Wachenhusen, Schorn und Richter-Lefensdorf wurde bewie-
sen, daß der äußere Baustil eines Hauses ganz gleichgültig ist. Müller-Kaempff baute sein Haus, das mit
dem hier üblichen Baustil nicht das geringste zu tun
hatte, an die Dorfstraße. Und doch war dieses Haus
kein Fremdkörper im Dorfe. Es paßte sich mit seiner
Dachkonstruktion dem Winddruck an, damit der
Landschaft überhaupt. Richter-Levensdorf baute
gänzlich sentimental, aber so geschickt vor dem Winde geduckt, daß man das Haus kaum sieht, obgleich
es hart an der Straße liegt. Unter gänzlich anderen
Verhältnissen stellte Wachenhusen ein gradliniges
Haus auf eine hohe Düne unter alten Eichen hin.

Im Gegensatz zu diesen versuchte Schorn hinter
der Düne den üblichen Dorfstil mit hohem Strohdache weiterzuführen. Auch das daneben liegende kleine Haus, das den Künstlern für Ausstellungszwecke

diente, ist im gleichen Sinne gehalten. Beide Häuser sind ungemein fein abgestimmt und bilden heute eine Zierde Ahrenshoops. Was aber sonst noch, mit Ausnahme des Körteschen Hauses, in jener Zeit gebaut wurde, stellt „Zuckerbäckerei" dar und läßt für jeden, der sehen will, erkennen, wie das Ahrenshooper Gesicht nicht ist.

Deutlich wird dieses Nichtverstehen des Ahrenshooper Gesichts bei den meisten Häusern der neuen Kolonie. Dort erfanden Architekten, die Ahrenshoop kaum kannten, den sogenannten wendischen Stil. Diese Häuser haben mit dem Ahrenshooper Gesicht nur das Strohdach gemein, sonst nichts. Aber auch Grunewaldstil ist vertreten. Das Haus ist künstlerisch einwandfrei, sogar von vollendetem Ebenmaß. Und doch verschandelt es mit seiner ganzen Stilreinheit als ein Fremdkörper das Ahrenshooper Gesicht.

Unter den Ahrenshooper Fremdenhäusern darf das Haus Köhn nicht vergessen werden. Es ist von vollendeter Schönheit, liegt jedoch so versteckt, daß es das Ahrenshooper Gesicht nicht zu beeinflussen vermag. Läge es im Freien an der Straße, würde es wahrscheinlich nicht in die Landschaft passen, während es jetzt für jeden, der es zufällig sieht, eine wahre Augenweide darstellt. Dagegen ist das neue, frei an der Straße liegende Haus des Maler Partikel unter äußerster Anpassung an das Dünengelände in echtem Ahrenshooper Geist erbaut.

Das Nichtverstehen der erdigen und luftigen Bedingungen ist es, was jene anderen Häuser so gänzlich unmöglich macht. Nie hätte ein Ahrenshooper so gebaut, wie jene Architekten und Bauherren. Der Ahrenshooper schmunzelt heimlich über die Maskerade, die sich da draußen vor seinem Dorf aufgetan hat, denn der Sturm sorgt schon dafür, daß dort immer wieder Ausbesserungsarbeiten für Handwerker notwendig sind. Er schmunzelt darüber, wie über die andere Maskerade, wenn manche von jenen Fremden barfuß in Holzpantinen durch die Dorfstraße klappern, um so besser in das Ahrenshooper Gesicht hineinzupassen. Dies Gesicht liegt aber nicht in den Holzpantinen. Wenn schon mein Freund aus Born, der so viele Jahre in Ahrenshoop angesehener Bürger ist, doch nie ein rechter Ahrenshooper werden kann, weil er die trauliche Rundlichkeit des Wald- und Boddendörflers besitzt und dazu ein weiches Herz, das sich nie mit der Ahrenshooper Härte abfinden wird, wie sollte da einer in das Ahrenshooper Gesicht passen, bloß weil er Holzpantinen anhat. Er kann nur noch von dem Fremden überboten werden, der im Smoking und in Lackschuhen seinen Dorfbummel macht. Das Ahrenshooper Gesicht aber lacht auch darüber.

1927

George Grosz
Aus den Briefen von der Ostsee

Es wird langsam Herbst, recht melancholisch, so fast die einzigen noch am Strande zu sein. Keine Fahnen und gar keine Strandkörbe mehr, trist und leer weit und breit. An sich ist es hier sehr schön, eine echte mecklenburgische Landschaft, gelegen zwischen Bodden und Ostsee. Möchte gern hier ein kleines Haus haben …

Diesen Sommer waren eine Menge Künstler hier, sozusagen bildet sich hier eine Dependance zu Deinem geliebten Hiddensee heraus. Viele, die dort kei-

nen Platz bekamen, fuhren nach hier. Die paar Tage
Gerhart Hauptmannschen Besuchs haben viele nach-
gezogen, und oft fragen Neuankömmlinge, ob G.H.
noch hier wäre, worauf immer natürlich geantwortet
wurde:

„Nein, augenblicklich nicht, aber er kommt noch
mal wieder. Inzwischen hat er sich ja so nebenbei in
Hiddensee angesiedelt. Geklatscht im nüchternen
Sinne des Wortes wird hier doll. Jeder weiß was über
jeden. Die merkwürdigsten Schauergeschichten flo-
rieren.

Ein paar wirkliche Künstler sind da, und die anderen gruppieren sich jeweilig und nach Anhimmlungs,
- respektive Klatsch- und Tratschbedürfnis...

Nette gemütliche Leute sind dann noch die Familie
Abeking. Der Zeichner natürlich. Eine wahre Boheme-
familie. Ganz ohne Vorurteile...

am 26.September 1930 aus Ahrenshoop an den
Kunsthistoriker Eduard Plietzsch

Prerow 13.8.1931

Lieber Ötzerich
...mir schwant, wir werden anno 32 sicherlich
hierher nimmer gehen, überhaupt diese verdammte
Ostsee, besonders hier auf dem Darss (reimt bestimmt auf arss); nicht nur, daß dauernd windiges,
was noch anginge, Wetter ist, nein, es regnet egal weg
– und dementsprechend dann auch noch die Leute!!
...Ich habe einiges gezeichnet, viel Typen – notiere sie
flüchtig im Taschenbuch und führe zu Hause einiger-
maßen aus. Gute Methode, direkt an die (entschuldi-
ge das Wort) „Atmosphäre" heranzukommen. Da no-
tiert man einen sonderbaren Kauz mit hoher Basken-
mütze, dort eine Bäuerin mit Tragebalken und Flun-

derkörbchen, da Häusergiebel und Zierwerk geschnitzt – alles im Vorbeigehen, nicht stundenlang hingehockt und erst, wie als wenn man scheißen müßte, erst im Gebüsch einen Platz gesucht; lebendige Methode, in der Art der Japaner. Oder wie ein Naturkundiger aus auf interessante Spezies, anstatt Herbarium und Botanisiertrommel den kurzen Bleistift und das kleine taschenpassende Büchlein. Macht viel Spaß, nachher damit etwas zu machen. Man lernt beobachten und merkt an Hand solcher Notizen, wie lückenhaft eigentlich unser Sehgedächtnis. Schätze, Bröchel muß so ähnlich gearbeitet haben. Unterhielt mich auch mit Dix darüber, der meiner Meinung war und davon viel hält. Ja, immer ist es wieder diese umgebende Natur, die uns lehrt lesen und schreiben. Wie anders wären denn sonst die feinen Hintergrundlandschaften auf den Gemälden des Bröchel denkbar. Fein in blauen Linien punktiert, um luftiger zu wirken, zeigen sie auch noch enormes kleines Leben. Ich sah beim blutigroten John einmal ein Stück Vergrößerung davon. Da fuhr noch ein Leiterwagen über eine Zugbrücke, toll das, und damals gab's keine Apparate mit Platten oder Films. Nebenbei übt sich bei dieser Methode unbewußt die Hand, das heißt das Gehirn, in schon künstlerischer Form wird abstrahiert und persönlich übersetzt... Ja, Dix kam eines Morgens hier an mit Mutz, seiner Gattin. Waren aber allein gekommen, ohne Nelli, nicht zu Schiff, wie ursprünglich beabsichtigt, denn die See ging ziemlich hoch den Tag, und Ottos Magen hüpft auf dem Meere wie ein Ball. So kamen sie ziemlich kompliziert über Zingst. Von dort nach hier per Fuß, beide sind passionierte Geher. Wir hatten einen wirklich netten Tag (ohne Hadischsche – wirklich). Wir erneuerten eigentlich alte kameradschaftliche Beziehungen... Dix selbst war viel zugänglicher, schien mir. Wir sprachen sehr nett über vieles, auch Persönliches, was Arbeit und so betrifft, er schien mir fast, kann ich sagen, gewissermaßen, „gebilde-

ter"und belesener geworden zu sein... Er sagte mir, er
lese jetzt viel Nietzsche. Auch erstaunte es mich angenehm, daß er über seine eigene Produktionskrise
sehr wohl Bescheid wußte. Jedenfalls meinte er, als
wir einen jener Prerower Urwaldseen betrachteten, er
hätte so etwas früher ganz frisch drauflos malen können, während heute etwas „Hemmendes" dazwischen
stände, er einfach dazu nicht mehr fähig sei, so frisch
und ursprünglich, ohne an Hinz oder Kunz zu denken, draufloszupinseln. Er erwarte viel von einem
neuen Kindwerden, so drückte er sich aus. Er meinte,
er erwarte eine neue Welle ursprünglichen Erlebens
von den älteren Mannesjahren.

Wörtlich sagte er dann noch, um seine Meditatio-
nen drastischer zu ergänzen: „Ja, und heute steht einem ja der Schwanz auch nicht mehr so häufig wie
früher." Es war jedenfalls ein reizender Tag für uns.
Regnete sonderbarerweise kaum, so daß wir mit Di-
xens ein wenig hin und her gehen konnten. Auch
Mutz war sehr nett, keineswegs dunkel oder verschlossen, im Gegenteil: Sie erzählte nett von ihrem
Leben und charakterisierte vieles gut und deutlich.
Wir lachten oft und haben so eine Freundschaft neu
besiegelt... [...]

Brief an Otto Schmalhausen

Frido Witte
Zu Besuch auf dem Fischland

*E*twa am 22. Juni trete ich meine Sommerstudien-
reise an, und zwar mit Metge nach Althagen auf dem
Fischland. Wir fuhren über Uelzen nach Mecklenburg
hinein, über Schwerin nach Rostock, wo wir die Nacht
blieben. Nachmittags und abends sahen wir uns die alte
Stadt an, den Hafen und abends ein – Kino! Heißer Tag,
schwül. Am anderen Morgen mit der Bahn nach Ribnitz
am Bodden, unterwegs sehr schöner Rückblick auf das
vieltürmige Rostock. Mit hübschem, kleinem Dampfer
geht es über den stillen Saaler Bodden bei herrlichem
Wetter nach Althagen, das schon lange vorher mit seinen
Strohdächern vor uns liegt. Wir quartieren uns bei einem
Bauern, Walter Niemann, ein. Bekommen zwei zusam-
menliegende, schöne Zimmer, ein größeres, wo ich
gleichzeitig schlafe, ist der Ort unseres gemeinsamen
Morgen-, Nachmittags- und Abendimbisses. Althagen
geht nach Norden in Ahrenshoop, nach Süden zu in

Niehagen und Wustrow über. Die Halbinsel ist einen
halben Kilometer breit. Im Westen Steilufer am Meer,
im Osten Schilfufer am Bodden. Das Dorf liegt auf einem Höhenrücken, langgestreckt, am Bodden, zwischen Dorf und Steilufer langsam ansteigendes Kult-
urland; Roggen, Weizen, Hafer, Kartoffeln und Weiden. Dazwischen schmale Wege, reich mit Blumen be-
stickt, die zum Strande führen und zum Weg am Steilufer. Auf dem Bodden Fischer in schönen, alten Booten mit geflickten rotbraunen Segeln, kleiner Hafen
im Schilf. Unser Hof ist, vom Wasser her gesehen, der
schönste. Auf der alten Scheune ein Storchenpaar,
das morgens früh zu klappern pflegt.

Mittags essen wir in einem recht guten, nahegele-
genen, kleinen Gasthaus „Schütz". Wir baden, erfor-
schen die Gegend, und ich male. Über Ahrenshoop
hinaus geht es über ein Flachland zum nahen Darß,
einem Naturschutzgebiet für Wald und Getier. Prachtvolle Einzelbäume inmitten des mannigfaltigen Be-
standes, es soll gute Hirsche geben und einige dort
horstende Seeadler, von denen wir ein Exemplar lange Zeit in seinem stolzen Fluge beobachten konnten.

Eine Radtour durch diesen Wald nach dem Dorfe
Born führte durch lange Sandstrecken, unerquicklich,
und auch das Dorf Born selbst gewann nicht unsere
Gnade. Wir besuchten dort flüchtig einen Soltauer,
den Sohn meines „Nachbarn" Willi Röders in Einfrie-
lingen, der sich - für mich unbegreiflicherweise - dort
ein Haus gekauft hat und im Sande fast erstickt.

Althagen gefällt uns gut. Es ist still und behaglich
in der kleinen Welt, die aber durch Anwesenheit nicht
uninteressanter Sommergäste, die wir per Distance
genießen, einen ungewöhnlichen Reiz dazu erhält.
Die Menschen sind gemütlich, sehr zugänglich, haben
Zeit zum Plaudern und Faulenzen - Eigenschaften, die
dem Maler zugute kommen, der sie beobachten und
darstellen möchte. Aber auch Frömmigkeit und Klugheit habe ich festgestellt und schließlich noch eine

gewisse Schönheit, die sich in gutgewachsenen Frauen und Mädchen dokumentiert. Ein Heimatfest zeigte uns den alten Sport der Ritter: das Tonnenschlagen, das einen ganzen Nachmittag dauerte.

In der Reihe der schönen, alten Strohdachhäuser waren viele, die in Privatbesitz übergegangen und hübsch - auch mit schönen Gärten - hergerichtet waren. Es wohnten Künstler und Schriftsteller in ziemlicher Anzahl, nicht nur im Sommer, teils dauernd dort. Sehr hübsch das Leben am Strande, wo jeder genügend Platz hatte - der Strand war durch Buhnen in reizende, abgeschlossene Badeplätze geteilt, mit hübschen, großen Steinen malerisch verziert - alles dieses nicht gewollt, sondern zufällig und durch das dauernde Abbröckeln der Ufer bedingt. Man sah sehr schöne, braungebrannte Gestalten, und die Jugend war in der Mehrzahl. An den Steilufern nisteten die Schwalben in riesiger Menge, sie erfüllten die Luft, die außerdem durch zahlreiche Flieger vom benachbarten Warnemünde belebt war.

Nach acht Tagen unseres sehr heiteren und fröhlichen Aufenthalts erschien [der] Maler Siebelist aus Hamburg, dem wir im schönsten Bauernhof Voß (Haus Nr. 1) ein Zimmer besorgt hatten. Wir holten ihn vom Dampfer, mit allerlei lustigen Begleiterscheinungen, aber er sah sehr erholungsbedürftig aus, hatte auch unterwegs seine Brille zerbrochen und war für unseren Humor zunächst nicht erreichbar. Er erholte sich aber bald und fand Althagen ebenfalls schön. Nach abermals acht Tagen erschien auch Hugo Friedrich Hartmann, der ein Zimmer in unserem Haus bezog. Leider bekam Metge am nächsten Tag ein Telegramm, das ihn an das Sterbelager seiner Schwiegermutter nach Oeynhausen rief. Wir nahmen alle schmerzlich Abschied, denn er war uns ein guter Kamerad gewesen. Ich selbst blieb noch etwa einundeinhalb Wochen - wir beschränkten uns jetzt auf gelegentliches Baden und Malen und Zeichnen. Ich fuhr

aber gegen den 25. Juli über Lübeck nach Kiel zu
Kahlkes, wo ich eingeladen war. Es folgten weitere,
sehr schöne Sommertage an der Förde, die über und
über mit badenden Menschlein belebt war, in Flens-
burg und Glücksburg, in Eckernförde, in der Probstei
und im Seengebiet bei Plön und Malente, in Timmen-
dorf Das Skizzenbuch war immer mein Begleiter...

Etwa am 15. August fahre ich zum zweiten Male -
diesmal auf Einladung Kahlkes - nach Althagen. Über
Uelzen geht es wieder nach Rostock, wo Kahlkes zu
mir in den Zug steigen. Bald sind wir in Ribnitz, essen
am Bodden zu Mittag und sehen, wie die kleinen
Dampfer unzählige Schwaben, die durch die „Kraft-
durch-Freude-Organisation" befördert wurden, zum
Fischland bringen. Wir fahren mit der „Gudrun" bei
ziemlich unfreundlichem Wetter und Wellengang ab.
Frau Kahlkes schöner Hut wird ein Opfer der wilden
See. Wir landen statt in Althagen in Wustrow, wo wiederum viele Schwaben auf Abtransport warten. Von
hier werden wir im Auto nach Althagen transportiert.
Ich spreche bei Niemanns vor, leider besetzt. Frau
Reimer tritt uns entgegen. Ich fahre zum Ostseehotel,
einem mehr als bescheidenen Gasthof, da es schon
dunkel und spät ist. Abends kommen Hartmann und
Frau Reimer zu uns (Hartmann war seit Juli dort ge-
blieben) und erzählen uns, daß am nächsten Tage die
„Sachsen" kommen und alle Zimmer besetzt seien.

Am nächsten Sonntagmorgen wählen wir zunächst
Hitler zum Reichspräsidenten und mieten nach allerlei vergeblichen Versuchen anderer Art bei Bauer Voß
drei Zimmer, die nebeneinander liegen. Das mittlere
dient uns als Wohnzimmer.

Damit wohnen wir im schönsten Hause Althagens,
haben unsere Gemütlichkeit und die malerischen Teile nahe um uns, so daß gleich eine fleißige Arbeit sei-
tens Frau Kahlke und mir einsetzt. Wir haben im Lau-
fe der nächsten dreieinhalb Wochen dauernd das
schönste Wetter, einmal unterbrochen durch einen

heftigen Sturm mit Wolkenbruch, der höchst interessant war und den Strand völlig veränderte. Wir essen wieder mittags bei „Schütz" gut und billig, abends zu Hause. Auch den Morgen- und Nachmittagskaffee trinken wir in unserem Zimmer. Bisweilen wird es üppiger; wir gehen nach „Nordens Hotel" in Wustrow oder „Knecht" in Ahrenshoop, trinken unseren Kaffee im „Café Namenlos" in Ahrenshop oder auf der hübschen kleinen Strandterrasse von Wustrow. Ab und an sind wir mit Hartmann und Frau Reimer zusammen und besonders der letzte Abschiedsabend mit den beiden bei „Knecht" verlief sehr hübsch; wir erhielten neben dem besetzten Gastzimmer ein kleines Comptoir als Eßraum, das durch seine alten Möbel, Bilder, Zigarrenkisten - vor allem aber durch das vergnügliche Essen und Trinken sehr behaglich wurde.

Der späte Sommer und kommende Herbst machten die Landschaft schöner. Wir konnten uns im Arbeiten nicht genug tun, aber es reichte doch immer nur zu flüchtigen Studien und Skizzen. Das Wetter blieb schön, wechselte aber stetig. Besonders der anhaltende Ostwind brachte ungünstige, harte Luft, auch trieb er das Wasser im Bodden hoch, so daß die Wiesenlande überschwemmt wurden. Das Baden war durchaus angenehm, das Wasser hatte eine warme Temperatur. Reicher Obstsegen hing überall in den Bäumen. Die Gäste kamen und gingen, nur die vielen Maler und Malerinnen schienen immer noch zuzunehmen und wurden bisweilen lästig. Wir hielten uns von den leicht zu machenden Bekanntschaften zurück und blieben oft abends auf unserer gemütlichen Bude, sprachen über viele Dinge und kamen uns dadurch näher. Auch lasen wir und spielten schließlich, um den Schlaf einzuleiten, ein harmloses Kartenspiel. Um halb acht Uhr morgens tranken wir Kaffee. Kahlke begleitete uns oft zum Malen, ging auch wohl allein seiner Wege und badete. Mit dem Dampfer «Gudrun" fuhren wir eines Tages über den Bodden nach dem Seebade Prerow. Die Fahrt ging zunächst quer hinüber zum anderen Ufer, dann durch eine Reihe von Schilfinseln, wieder durch einen offenen Boddenteil und schließlich auf einem Kanal durch ein ausgedehntes Sumpfgebiet mit vielen Vogelarten, z.B. Enten und Reihern. Prerow besitzt einen herrlichen weißen Strand, man blickt an ihm entlang bis zur Dünenausmündung des Darßer Orts und andererseits bis Hiddensee, über Zingst hinaus. Der Ort selbst ist langweilig, liegt weitab vom Strand weit auseinander in einer sumpfigen Landschaft, die die See kaum ahnen läßt. Bei vermischtem, aber stillem und warmem Wetter verlief die Rückfahrt.

Mit dem Sohn des Bauern Diedrich fuhren wir mit Wagen und Pferd eines Sonntags in den Darß. Es war ein heißer Mittag, Kahlkes schliefen ihren Mittagsschlaf im Wagen, die Pferde, die mich sehr an unsere eigenen früheren in Schneverdingen erinnerten, dünsteten sehr stark, und der Wald flimmerte im Licht. Ein großer Raubvogel zeigte sich lautlos im Unterholz. Diedrich hielt ihn für den Uhu. Sonst kein Tier zu sehen, auch keine Adler in der Luft.

Durch z.T. sehr sandige Wege und Dünen und Wald kamen wir zum Darßer Leuchtturm, tranken dort im Hof, der recht unbehaglich und unschön war, bei der Frau eines Leuchtturmwärters Kaffee, bestiegen den Turm und hatten eine sehr ausgedehnte Aussicht nach Wustrow im Südwesten, nach Dänemark im Norden und Hiddensee und Rügen im Osten. Zu Füßen eine mit Krüppelkiefern besäte, interessante Dünenlandschaft. Gegen Abend erfolgte die Rückfahrt; wir sahen auf einer Waldlichtung eine Hirschfamilie, aber sonst weder Wildschweine noch Adler. Für Wildschweine und Hirsche war das Terrain hervorragend günstig: sumpfige Gebiete, mit Schilf und Bäumen bewachsen, wechselten mit Hochwald von Fichten, Kiefern und Eichen und Buchen. Der Weg, recht schwer wegen umgestürzter Bäume zu befahren, führte uns hinter die Dünenkette ans Meer. Tiefer Sand ließ die Räder fast bis zur Radnabe einsinken. Ungeheure Strecken Waldes waren von Sturm und Sandtreiben getötet, die noch lebenden Bäume waren in den seltsamsten Formen verkrüppelt, eine Gespensterwelt!

Die Bewohner des Landes waren, wohin wir auch kamen, freundlich und entgegenkommend, einfach und mitteilsam. Es dauerte nicht lange, und wir waren mit allen Verhältnissen des Eilandes, den guten und schlimmen, eng vertraut. Es gab prachtvolle Charaktergestalten, besonders unter den Fischern und alten Weibern. Ein alter Bernsteinschleifer in ärmlicher Kate war ein Original. Er schliff uns - sehr primitiv - einige Bernsteinstücke, die Kahlke seiner Frau zum Geschenk machen wollte. Dieser alte Mann kannte die Gewohnheiten des Meeres, den Bernstein auszustoßen auf das genaueste und sammelte frühmorgens die schönsten Stücke. Wir selber hatten leider kein Glück.

Nach dreieinhalb Wochen herrlichsten Wetters,

schönster Erlebnisse und fleißigen Malens und Zeichnens nahte die Abschiedsstunde. Wir nahmen überall rührenden Abschied und fuhren mit der «Gudrun" nach Ribnitz, wo wir zunächst wieder am Hafen zu Mittag aßen und dann mit dem Auto nach Stralsund fuhren...

Die Reise verlief in Harmonie. Eine gute Zahl Studien und eine Fülle von Anregungen, Erlebnissen und geschauter Wunder bereicherte uns. Am 16. September war ich wieder zu Hause.

1934

Erich Theodor Holtz
Wustrow

Auf der Fischlandchaussee, die sich über den schmalen Landstreifen zwischen der Ostsee und dem Saaler Bodden hinzieht, nähern wir uns unserem Ziele: Wustrow.

Von weitem schon grüßt uns der hohe Kirchturm, ein Wahrzeichen für Schiffer und Fischer. Vorbei gleiten wir an der Nebelstation, um dann in weitem Bogen in Wustrow einzufahren. Da fällt uns zuerst ein hochgelegenes, großes Gebäude mit gläsernem Turm auf: die Navigationsschule, durch deren Klassen schon so mancher tüchtige Seemann gegangen ist. Weiter! Rechts an der Straße, das erste Haus, das alte „Runenhaus", das in alten Zeiten der Schmuggler usw. eine bedeutende Rolle gespielt hat. Breit und behäbig duckt es sich unter seinem Rohrdach, als wollte es sich vor den harten Winterstürmen an die Erde klammern.

Solcher Häuser gibt es noch viele in Wustrow.

Wenn man durch seine Straßen geht, wird man leicht zwei Arten dieser alten, strohgedeckten Häuser unterscheiden: Die einen, groß und behäbig, die alten Kapitänshäuser, und die anderen, kleineren, niedrigen, die einst von weniger bemittelten Schiffern, Fischern oder Büdnern gebaut sind. Alle aber atmen sie bodenständiges Wachstum. Es ist nichts Modernes an ihnen. Sie sind geblieben, wie sie einst gebaut waren, mit ihren schwarz geteerten Balken und dem rot getünchten Fachwerk.

Dagegen stehen die neueren Schifferhäuser, die nach dem großen Brande in den sechziger Jahren massiv erbaut sind. Typisch bei fast allen diesen Häusern ist das sogenannte Bullauge, ein kleines ovales Fenster, das meistenteils in der Seitenwand gleich hinter der vorderen Hausecke sitzt. Von dort aus kann der alte Schiffer die Straße seitlich übersehen, wie, wenn er durch das Bullauge seines Schiffes über die See blickt: Erinnerung an seine Fahrten. Dort blinkt ein schwerer Messinggriff an der Tür, die reiche Schnitzerei aufweist. Fast alle neueren Häuser haben oft barocke Schnitzereien, die die dahinterliegenden Scheiben in formschöne Felder aufteilen.

Trotzdem es auch neuere, moderne Häuser gibt, ist das Dorfbild doch ein geschlossenes Ganze, da jedes Haus in einem Vorgarten liegt und die meisten Straßen mit Bäumen bepflanzt sind. So bietet Wustrow im Sommer ein schönes, grünes Bild in seiner Ruhe und Abgeschiedenheit.

Wenn dann im Herbst die Blätter fallen, und der Nebel über allem liegt, das Nebelhorn Tag und Nacht warnt, veröden allmählich die Straßen. Jeder bleibt daheim und bereitet sich auf den kommenden Winter vor. Doch auch dann ist es schön, wenn die Stürme toben, wenn jeder einzelne abschlossen erscheint; dann kann er stille Einkehr halten.

1936

Marie Luise Kaschnitz
Orte. Aufzeichnungen.

Quer durch die ostdeutsche Ebene, immer Ende Juli, Ende des Semesters, von Osten nach Westen, vorbei an der Marienburg, durch den polnischen Korridor über die Weichsel und an der pommerschen Küste entlang. Immer schönes Wetter, Erntewetter, die Garben stehen auf den Stoppelfeldern, den großen flachen Landwellen, und werden umständlich aufgegabelt, auf die Wagen gehoben, Mähdrescher gibt es noch nicht. Hinter den Landwellen tauchen die Städte auf, die Kirchen, Backsteingotik, ein Birkenwäldchen, klappernde Windmühlenflügel, gelbes Korn. Am Haus mit dem Strohdach, mit dem kurischen Wimpel, wird die Fahrt unterbrochen, tagelang, einmal sogar wochenlang, da läuft man morgens mit Geschrei in die eiskalte Ostsee, darf mit dem Maler Alfred Partikel, seiner Frau und den weiß-blonden Kindern seeabgewandt, windabgewandt frühstücken, spielt Boccia auf der Düne, begibt sich zu Wanderun-

gen in den kleinen, in den großen Darß. Im kleinen
Darß, der auch schon eine Art von Urwald ist, soll
zehn Jahre später der Maler rätselhaft und spurlos
verschwinden, Zeit der russischen Besatzung, aber
die Russen schicken selbst Soldaten in den Wald,
kämmen ihn durch ohne Erfolg. Damals stand ein
Bild auf der Staffelei, ich sehe es wie heute, rote Häuser, ein Weg, Wasser, gegenständlich noch, aber die
Gegenstände neu und fremd. Der Maler war klein,
doch kräftig; wenn seine Kinder Fieber hatten, riß er
sie aus dem Bett und trabte mit ihnen dem eisigen
Ostwind entgegen, das wird ihnen gut tun, und
tatsächlich, es tat ihnen gut.

Als wir wegfahren, stehen alle auf der Düne, tief-
braun mit hellen Haaren, und winken, es ist da noch
nicht Krieg, der Sohn noch nicht gefallen, der Vater
noch nicht verschwunden, nichts, nichts ist geschehen.

bei Alfred Partikel in Ahrenshoop, ca. 1935

Gerhard Marcks
Briefe von und nach dem Fischland

Niehagen, 5.2 1946

...Wer vom Fischland einen Ausflug ins innere Land machte, der sagt, wir wohnen hier auf einer Oase. Nirgendwo sonst sieht man ein Stück Vieh, [...] die meisten Felder der Güter liegen brach. Das ist die große Wohltat der überstürzten Landaufteilung, und die Folgen sind gar nicht abzusehen. Überhaupt die Landkarte wer mag sie noch ansehen? Was östlich der Oder saß, geht in den Lagern an Hunger und Seuche zugrunde, auch ohne Gaskammern. Die Hauptangst der Ärzte ist der Flecktyphus, gegen den es kein Serum gibt. [...]

Für unsereinen ist die Sache schon brenzliger; ich möchte nun keinen Hemmungen und Mißverständnissen in meiner Arbeit mehr ausgesetzt sein, und hoffe auf den Engel Rembrandts, der auch den alten Corinth seine besten Sachen machen ließ. [...]

Marcks an seine Tochter Brigitte

Niehagen, 3.3.1946

... es geht eben alles langsam jetzt, und nur die Jahre fliehen pfeilgeschwind. Ich verstehe gar nicht, daß mir das Leben mal lang vorgekommen ist. Jetzt was ist ein Menschenleben? Als ob einer zum Fenster reinschaut, grüßt und verschwindet auf Nimmerwiedersehn – (Mir wird ordentlich bange, ob ich das Pensum noch schaffe! Wehe, wenn mir noch was zwischen die Arbeit kommt!) [...]

Niehagen 18 VI 46

Lieber Weise!

Meine letzten 2 Wochen hier genieße ich indem ich den alten Koch - Gotha porträtiere. Sie kennen sicher seine Arbeiten - aussehen tut er wie ein weiser Urmensch, Troglodyte mit zerklüfteten sehr bewegten Zügen, an Daumier erinnernd. Da er ein charmanter und sehr gebildeter und belesener Mann ist, so vertragen wir uns ausgezeichnet. Er würde Ihnen gefallen, geographisch ist er Ihnen ja viel näher als mir. – Seine Zeit ist dahin, und ein Versuch der Berliner Illustrierten (die ja mehr Moskauer Illustrierte ist) ihn wieder heranzuziehen, wurde von ihm abgelehnt. Er ist rein bürgerlich, mit allen Schatten- und heute nicht anerkannten Lichtseiten. Im übrigen ist er Prähistoriker und hielt uns neulich einen Vortrag über Armin und Germanikus (Schlacht bei Idisiaviso mit eigens festgestellter Örtlichkeit der sich gewaschen hatte. Von Militär und Uniformen weiß er so viel wie Menzel. Sonderbare Blüte am deutschen Baum. Warum ist so einer kein großer Künstler geworden?

Sie dürfen mich in puncto Kirchner nicht mißverstehen; ich rechne ihn zu Corinth und Kokoschka als Dritten. Seine Malerei ist problematisch, weil die Ölfarbe, dem Lichte zuliebe erfunden, seinen dekorativen Lokalfarb-Tendenzen nicht entspricht. Zweifellos weist er aber vorwärts und hat uns vom Naturalismus (ein wenig ruckweise) befreit. Ich wollte ich könnte Ihnen mal die Miniaturen der Insel Reichenau im Original zeigen, die offenbar sein großes Erlebnis gewesen sind. Seine Kunstauffassung war die von Marées geforderte. Als Graphiker ist er überhaupt „einmalig". Eine andre Frage ist, ob er jetzt zu Wirkung gelangt, oder ob erst mal auch seine Kunst wie alle andre in der allgemein ausbrechenden Plattitüde untergeht - um hoffentlich doch einmal aufzuerstehen. Wenn nicht der Spiritus Creatus hilft, so sieht die Sache verzweifelt aus: Feuilleton statt Poesie, Reklame statt Kunst.

Die Erde schaukelt leise auf ihrer Bahn, und abgesehen von den großen 1000jährigen Kulturepochen giebt's Jahrhundertsauf- und niedergänge, wie wir das im Mittelalter schön verfolgen können.

Darum nicht verzweifeln, so sehr uns die Suppe manchmal hochkommt!

Wenn ich hier durch die schöne Landschaft gehe,
so denke ich, daß die nun auch seit Partikels Tode
von keinem Auge mehr schöpferisch erfaßt wird – in
Mecklenburg gibt's keine Künstler – aber wo gibt es
überhaupt noch Landschafter? Die Zeit, da der
Mensch sein Gemüt in die Natur projizierte, scheint
vorbei.

Vorbei ist es auch bald mit uns; aber heißt nicht
Leben: vorbeigehen? Genießen wir jeden geschenk-
ten Tag; er wird sich, falls es sowas gibt, auch im Jenseits auf unsrer Rechnung wiederfinden.

Daß Sie nun Ihre Fabrik geschenkt kriegen ist
brav! Die Schale ist da, wie nun eine neue Appelsine
reinkriegen? Wer war das doch, der aus den gekoch-
ten Knochen den Toten auferstehen ließ?

Bleiben Sie gesund, noch ein bißchen! und lassen
Sie uns auf ein nicht zu fernes Wiedersehen hoffen!

Ihr Gerhard Marcks

Postkarte

Köln 31 VIII 52

Sei mir gegrüßt Du mein Koch mit dem rötlich
strahlenden Gipfel! Sei mir Fischland gegrüßt, das ihn
so freundlich beschirmt!

Eint uns beide ja doch der länderverbindende Vor-
hang welchem vom Bogen der Pfeil schwirrend ein
Löchlein gemacht.

Bogen schieße auch ich, nach altem Brauch, aber
weit mehr spucke ich Bogen – man kann's ohne
Übung sogleich! Aber wohin man auch spuckt – die
Welt scheint überall ähnlich, nämlich total verrückt
(bis auf die Tierwelt) zu sein.

Drum so widme ich jetzt mich fast ausschließlich

den Tieren, angefangen beim Floh, der meine Hosen bewohnt.

Dann dem Hund, der mir Flöhe beschert, doch auch manches Karnickel, welches, wenn man es brät, schmeckt es mir besser als ihm. Fliegen und Mücken - auch sie gehören alle zur Schöpfung,

Geben wir heute jedoch größerem Geflügel das Wort:

> Nachtigallen giebt's hier, und Eulen,
> Tauben und Spechte, Elstern schachern
> im Busch, Falken lachen im Blau!
> Meisen fressen den Samen der Königin
> aller Blumen, die als ein hohes Spalier
> rings um das Häuschen uns stehen.
> Doch ich komme in's Faseln - das
> Alter macht mich geschwätzig
> höre, Älterer nicht, was Dir ein
> Alter erzählt! Aber sei herzlich
> gegrüßt, hab's gut! und wie Dir's
> zu Mute, lebe noch Tage um Tag,
> Jahr um Jahre so fort!

Köln-Müngersdorf
Belvedere 149 a
10 I 53

Lieber Alter Koch Gotha!

Nun habe ich richtig Ihren Geburtstag verpaßt! Und kann mich Ihnen gegenüber nicht mal mit marasmus senilis entschuldigen.

Alle guten Wünsche seien nachträglich dargebracht! („Schmeckt das Bier noch?" fragte man zu solcher Gelegenheit in Halle.)

Man könnte sich richtig ärgern, wenn der Anlaß nicht viel zu traurig zum Ärgern wäre, daß wir uns gar nicht mehr zu sehn kriegen! Nur die Seeadlerfeder vom Darß steckt über meinen Bett und sagt: ich bin noch da!

Heute nacht bin ich im Traum über den Bodden gefahren, hatte aber bezeichnenderweise nicht das richtige Geld im Portemonnaie. Es war sonst schön sandig und einsam bei Ihnen.

Mein Halsband – schönen Dank für die Glückwünsche! – verbindet mich mit einer Reihe verehrter Gestalten, wie Schadow, Humboldt, Brahms, Moltke. Man kann sich aber auch unter die Nieten mengen quos satis multos habet (das ist menschlich.) Die Insignien sind beim letzten Kanzler Plank im Luftschutzkeller verschmort, soweit sie nicht noch getragen wurden. Übrigens wohnt hier ein alter Schulfreund, Steinbauer, der die Kriegsklasse als Uboots-Kommandant hat – wir haben verglichen – der 100 Jahre ältere gefällt mir etwas besser.

Aber da ist das, was Sie vom „Übrigbleiben" schreiben. Ja, aber die Friedensklasse besteht ja aus übrig gebliebenen alten Knackern, und „wen die Götter lieben, der stirbt jung".

Was machen Sie? Ich sehe mir die Photos Ihres Häuschens an: es ist alles wie es vor 7 Jahren war, der Grasdeich, die Hecke, und die Silberpappeln sind schön gewachsen, ihr Schatten fällt auf die Haustür. Aber durch die Scheiben vermag ich nicht in die Stube mit der süßen Unordnung zu sehn, wo der Hausherr – hoffentlich rauchend – vor einem mit Pinselwetzern übersäten Reißbrett sitzt, während ab und zu ein sanftes Glockenläuten von dem im Wassernapf gespülten Pinsel ausgeht. Was zeichnen Sie gerade? Jülicken die Schwäne noch im blauen Bodden vor dem gelben Schilfkranz? Die Pommersche Sonne fehlt uns hier, wo sie meist, wenn überhaupt, an einem Milchglashimmel steht.

Was macht Erichson? Grüßen Sie ihn bitte.

Nele Partikel ist als Innenarchitektin bei einer

Hamburger Werft untergekommen, wacker und glücklich. Unsere eignen Kinder in alle Welt zerstreut, doch hoffen wir eine Tochter hier in der Gegend anzusiedeln. Jüngst war Frau Koehler hier zu Besuch, aus Kiel. Sie hat keinen schönen Lebensabend, arbeitet aber fleißig geschmückten Hausrat, Krippenfiguren.

Wir waren im Frühling in Venedig und Ravenna an der See, haben anschließend in Tirol ganz wacker rumgekrackselt, aber der nasse Herbst hat uns allen Feist gekostet. Such is life! – Über Arbeitsmangel kann ich mich wirklich nicht beklagen, im Herbst wurden 2 Denkmäler „von einmaligem Ausmaß" enthüllt, und schon steht wieder ein Adam von 3m Gypsgrösse im Atelier.

Bleiben Sie gesund! Grüßen Sie die Ihren!

Herzlich
Ihr Gerhard Marcks

Die letzte Zeit hat uns große Trauer gebracht: Partikel ist verschwunden – wahrscheinlich liegt er nun irgendwo in einer Lache im Darß, oder im Schilf, und wird nun ein Natur Dämon des Fischlandes (wie schön paßt das zu ihm!) Aber die arme Frau, die keine Gewißheit kriegen kann... Wahrscheinlich ist er von jagenden Russen versehentlich erschossen und beseitigt worden".

Gerhard Marcks an Weise
Rostock, den 7. 11. 1945

Bertolt Brecht
anfang august 50

*F*ahren (nach) ahrenshoop, helli mit den kindern, ich mit ruth im steyr. es gibt einige alte fischerhäuser, die, selbst dunkelblau angestrichen oder verfallen oder sogar renoviert für das fremdengeschäft, gut ausschauen, vielleicht, weil man das alter so interpretiert, als hätten sie sich gut hier gehalten; die neueren sehen aus wie freche behauptungen, im grunde haltlos, von der landschaft verachtet.

es ist eine reine nazigegend, und nicht viel ist geschehen bisher, nicht viel konnte geschehen; es gibt zu wenige ansatzpunkte. die kleinen fremdenindustriellen sehen sich durch die maßnahmen gegen den schwarzen markt allenthalben behindert, als bauern müssen sie abliefern usw. als domäne des kulturbundes ist die gegend aber im sommer besucht von leuten, die der neuen regierung ziemlich direkt angehören.

August 1950

Johannes R. Becher
Aus dem Ahrenshooper Tagebuch

1. August Dienstag

Mich mit den Wellen vermischt, indem ich tüchtig die herrlich salzige Flut geschluckt habe, überhaupt mich so richtig ausgiebig im Meer gewälzt. Und Freunde getroffen - fehlt nur der Sonnenschein, wie er in unserem Herzen ist. Liebes Tagebuch: ich hoffe, du wirst es zu schätzen wissen, daß ich dich hierher ans Meer mitgenommen habe und nunmehr in der Lage bin, mich dir ausführlich zu widmen, dir aus der Vergangenheit (der vergangenen und nicht vergangenen) einige Kuriositäten vorzustellen.

2. August Mittwoch

Damit hat eigentlich innerhalb des Tagebuches ein Abschnitt begonnen: „Ahrenshooper Tagebuch". In

diesen Teil wollte ich auch die schon vor zwei Jahren
in Ahrenshoop entstandenen „Betrachtungen" einordnen, sie gehörten hierher, als „Betrachtungen –
Erinnerungen", die ich bis heute unabgeschrieben habe liegenlassen – aber ich werde sie doch über das
ganze Tagebuch aufteilen müssen, hoffentlich wirken
sie nicht als Fremdkörper, zumal sie leider, leider
noch immer aktuell sind.

3. August Donnerstag

Wind und Wellen, Sonne, Meer. Geschwommen, in
der Sonne gelegen, gewandert. Nachgedacht, geträumt, gedichtet (zwei neue Gedichte „Das Wunder"
und „Ziehharmonika"). Das verstehen wenige: zu einem Gedicht gehört viel Zeit, gehört Muße (die Muße
ist meist die Muse), ins Weite schauen, nach innen
horchen, träumen... Gartenblühen und Weitblicke,
Farnenverschlungenheit und wieder das Meer entlang: solch eine bezaubernde wechselvolle Vielfalt
bietet Ahrenshoop (einschließlich des Wetters), wobei es immer neue Wunderreiche und Wunderwinkel
zu entdecken gibt, zum Beispiel die Schilfwanderun-
gen.

4. August Freitag

Regengüsse und Wellensturm. Mich den Wellen gestellt, schon um fünf Uhr morgens, dann im Regen-
wald, der mich noch zusätzlich mit seinem Wipfelre-
gen überschüttete. Um Mittag herum ebenso stürmi-
sche Aufheiterung. Auf der hohen Düne – mit gleich-
zeitigem Blick zum Bodden und Meer, beinahe eine
Gebirgswanderung, ein Gratspaziergang, in sicherer
Balance zwischen zwei blauen Wasserfernen, die sich
in Himmelsfernen verwandeln und sich so abwechselnd umträumen lassen.

5. August Samstag

Acht Tage Natur brauche ich (Meer, Sonne, Wind,
Sand), um mit mir ins reine zu kommen, in allen meinen Lebensäußerungen zur Ordnung zu gelangen.

6. August Sonntag

Ein Meeressonntag, in feierlicher, sonnenhafter,
wolken- und wellenloser Stimmung. Ein kühler Unter-
ton in allen Äußerungen, langsam bildet sich der
Herbst heraus. Besuch aus Berlin. Das Tagebuch hat
darunter zu leiden. Habe Lust nach langen, tagelan-
gen Wanderungen.

8. August Dienstag

Am Strand entlang zu schlendern, in Shorts, die
Hände in den Taschen, mit nackten Füßen: solch ein
wiegender Gang ist äußerst günstig zur Hervorbrin-
gung singbarer Gedichte. Stundenlang läßt es sich so
in Meeresbegleitung auf und ab laufen...
Eine Tänzerin bei ihren Übungen beobachtet, eine
solche Körperbeherrschung, solch eine schwebende
Leichtigkeit, daß es mir unbegreiflich schien, daß der
Körper sich nicht von der Erde abhob und übers Meer
hin ins Ätherblau entschwebte.

9. August Mittwoch

Wieder bin ich ganz da. Ganz in meinem Element.
Bewege mich wieder in der von mir das ganze Jahr
hindurch erträumten, ersehnten „poetischen Atmosphäre", aus der heraus ein Gedicht um das andere
„spielend" auf mich zukommt. Das Tagebuch wird
darunter etwas zu leiden haben, denn ich lebe mich
jetzt wieder ganz in der Poesie aus, das Gedicht ist
wieder mein geistiges Atmen geworden, ich werde
wieder ganz auf mich, auf meine poetische Substanz

konzentriert. Solch eine Konzentrationsfähigkeit ergibt sich bei mir aus der Natur, und zwar aus einer besonderen Art von Natur, aus einer noch nicht durch-
zivilisierten, aus einer noch ein wenig natürlichen Natur. Der endlose, spärlich bevölkerte Strand zum Beispiel, mit der teilweise unzugänglichen Darßwildnis,
ergibt für mich solch eine Art schöpferischer Natur.
Weit und breit kaum ein Mensch zu sehen, man kann
nackt, wie man Lust hat, umherlaufen, Meer, Sand,
Wind, Sonne und die übermenschenhohen Farne und
die blühend gelben Darßwiesen und undurchdringli-
chen Sträuchermulden –

Da liegt am Rand der großen Flut:
Der schwarze Wald, der schweigend ruht.

(„Ankernd am Rande der großen Flut": hier auf
dem Darß das natürliche Gegenstück beziehungswei-
se das Urbild der „großen Flut", an deren Rand zu an-
kern es in Berlin mich hinzieht und wo mein Gedicht
wächst…)
Und das tief-innere Bedürfnis, an Lillys Seite zu
sein, alles drängt mich auf sie zu, auf sie, die in meinem Leben einzige innigst Geliebte.

18. August Freitag

Der herrliche Meer-Sommer ist dem Tagebuch
nicht günstig, unter dieser Ungunst hat es zu leiden,
während wir alle wunschlos glücklich sind. Gestern
stundenlang durch den Darß gewandert, Waldung, wie
ich sie seit meiner Kindheit nicht mehr erlebt habe.
Traumdickicht mit riesenhaften Gespensterfarnen,
dann wieder üppig-sprießende Wiesenlichtung, wie
von Menschen noch unberührt – könnte ich nur einen Bruchteil der Gedanken und Gefühle niederle-
gen, die mich auf diesen Wald-, Urwald-Wanderungen
bewegen. Als ginge, gehend, mein Menschendasein in

die Natur ein, um daraus wieder, gehend, als eine neue Menschenexistenz hervorzugehen. Wer kann dieses strahlende Gefühl mitempfinden, als der Weg sich lichtete, Wind wehte und Wellenrauschen hörbar wurde, der Himmel hereinglänzte und wir aus dem Waldesdunkel heraustraten und vors Meer hintraten, diesen tiefblauen Höhenzug am Horizont. Diese unendliche Meerlichtung. Wir waren wie die ersten Menschen... In unberührter Nacktheit wanderten wir in der von leichtem Wind gemilderten Sonne den Strand entlang, uns in den Wellen erfrischend, wenn wir müde waren und es uns zu warm wurde.

27. August Sonntag

Ahrenshoop ist nicht mehr. Habe es fluchtartig verlassen, in einem lebensgefährlichen Tempo bin ich aus diesem paradiesischen Sommeridyll nach Berlin zurückgerast. Vielleicht haben auch die politischen Ereignisse mir nicht solch eine andauernde Ruhe gegönnt. Die Explosion erfolgte auf privatem Gebiet, und ich konnte die Kränkung, die mir zugefügt wurde, nicht anders überwinden als durch die Flucht. Es hat sich bei mir schon eine Überempfindlichkeit, eine Idiosynkrasie gegenüber Ehezwistigkeiten herausgebildet, so daß ich bei dem geringsten Anzeichen einer Streiterei schon außer mir gerate.

Warte nicht auf mich. Ahrenshoop ist nicht mehr. Ich komme nicht wieder (nie–wieder?).

Unerträglich diese Zusammenballung von Intelligenz, die einem sowieso das ganze Jahr über mehr als nahe ist. Auch noch „nackte Tuchfühlung" am Strand beim Baden? Mir genügt's. Sei gegrüßt Berlin, mit deinen abzuschließenden vier Wänden!

aufgezeichnet im Jahre 1950

Käthe Miethe
Die Flut

*D*er Abreisetag der Malschülerinnen war da! Nur sieben Damen stiegen wieder auf den Wagen. Adele Malz blieb zurück, erschien zum Abschied ebensowenig wie die Familie Dahm, von der nur Friedrich Franz, der nach dem Großherzog benannt war, in Holzpantoffeln hinter der Karre schlurfte, auf die das Gepäck der beiden Kniffckes aufgeladen war. Die kleinen Leute der Fischerreihe und Westerseite allerdings brachten ihre Damen persönlich fort und wünschten „Auf gesundes Wiedersehen!"

Frau Pieplow war aber nur zur Stelle, um ein Auge auf ihre Dürten zu halten, die sich nicht schämte, wegen der Abreise dieses Schulzendorf verheult auszusehen! Sonst wäre sie zu Hause geblieben, denn es hatte am letzten Abend noch Ärger mit ihren Damen gegeben. Das Fräulein Weigel hatte so herzzerbrechend geweint, daß sie schließlich dazwischen gekommen war und der Malz Vorwürfe gemacht hatte. Darauf hatte die Malz, die bei ihr wohnen bleiben wollte, bis der Rohbau ihres neuen Hauses fertiggestellt war, erklärt, sie zöge sofort aus. Ehe die Weigel am Morgen aufgebrochen war, hatte Fräulein Malz sich schon eine Karre beschafft und ohne Abschied zu nehmen mit ihrem Gepäck das Haus verlassen. Die Miete bis zum Ende des Monats hatte sie auf dem Küchentisch zurückgelassen.

Als nach der Abfahrt des Wagens die Frauen ihre Erfahrungen mit den Gästen auszutauschen begannen, erfuhr Louise, Fräulein Malz wäre bei der Seeger eingezogen. Dann kann sie auch bei der Seeger fressen, dachte sie erbost, bei mir gibt es nichts mehr!

Es herrschte eine fast fühlbare Stille im Dorf. Alle Stuben wurden umgeräumt, der fremde Duft von Farben, Terpentin und Damenkleidern verflüchtigte sich vor der größeren Durchschlagskraft derber Wollsocken und schweißgetränkter Haut. Der Dorfweg bot nichts Bemerkenswertes mehr. Es saß auch niemand mehr im Windschutz der letzten Haferhocken und malte. Dahm hatte seine Badehütten vom Strande geholt, es war also alles wieder wie einst, doch es schien etwas zu fehlen.

Vossens empfanden die Stille besonders stark. Sie hatten durch den ungezwungenen Umgang mit den Gästen des Konowschen Hauses nahezu vergessen können, wie einsam es allmählich um sie geworden war. Die Freimütigkeit, mit der die Maler von ihren wirtschaftlichen Nöten gesprochen hatten, ihre Gelassenheit gegenüber dem Kampf um das tägliche Brot, hatten die eigenen Sorgen leichter erscheinen lassen.

Auch Elias Konow ging es in bescheidenem Maße gleich. Er hatte jeden Tag auf den Augenblick warten dürfen, zu dem der Professor Schulzendorf oder der junge Maler Winnern, den er noch mehr in sein Herz geschlossen hatte, die Tür aufmachte und bei ihm

einguckte, um wie zur Familie gehörend zu fragen:
„Nun, Opa, wie steht es denn mit uns heute?" An Re-
gentagen hatten sie oft an seinem Bett Skat gespielt.

Und Niklas? Der Junge begriff nicht, was mit ihm
war. Er schaute dem Wagen nach, bis die letzte Staub-
wolke verweht war. Ihm war, als wäre sein Herz fort-
gefahren. Er lief zum Strande, streifte über die Dünen, fand sich im Wäldchen, und als die Mutter ihn
abends fragte, wo er so lange geblieben sei, wußte er
keine rechte Antwort zu geben.

Für Dahm lagen die Dinge wesentlich anders. Er
mußte sich eingestehen, daß dieser Sommer in jeder
Beziehung eine völlige Pleite gewesen war. An jenem
Glückstage im Frühling, als ihm die Postkarte an den
Schulzen in die Hand gefallen war, hatte er sich als
der kommende Mann dieses Dorfes betrachtet, hatte
im stillen von seinem Monopol geträumt: alle Zimmer
in allen Häusern wurden allein durch ihn vermietet,
und zwar gegen angemessene Provision. Er, Jacob Jo-
achim Eduard Dahm, bestimmte, wer Gäste bekam
und was sie zu bezahlen hatten. Alle Fremden aßen
ausschließlich bei ihm, kauften in seinem Laden! Badehütten zu vermieten, war sein Privileg! An jedem
Taler, der von den Gästen im Dorfe ausgegeben wurde, war ihm ein Anteil gewiß! So hatte die Zukunft
vor ihm gelegen. – Es war anders gekommen. Eine
Konkurrenz für seinen Mittagstisch war plötzlich auf-
getreten und schöpfte vor seinen eigenen Augen die
Sahne ab. Konkurrenz noch dazu von der poweren
Westerseite. Und was war an Provision bei der ganzen
Zimmervermietung herausgesprungen? Was hatten
die Badehütten gebracht? Was der Mittagstisch? Er
hatte sich rundweg verkalkuliert, hatte eine Pfennig-
wirtschaft betrieben, wie die kleinen Leute, und durfte sich nicht wundern, wenn auch nur Pfennige kle-
ben geblieben waren! Dabei schien das Dorf eine Zukunft zu haben. Dieses äußerste Ende der Welt mit
seinen kahlen Dünen, dem Seewind, der einem um

die Nase pfiff, dem Heulen des Sturms und der Brandung an dem schutzlosen Strand, mit der Spärlichkeit
der Büsche und Bäume, der Armseligkeit der Katen,
Kartoffeläcker und mageren Ziegenweiden diese
ganze, gottverlassene Einsamkeit schien Maler anzu-
ziehen. Professor Schulzendorf hatte diese Gegend
über alles in der Welt gepriesen. Hatte er nicht sogar
einmal gesagt, für Maler, für Künstler sei es hier wie
im Paradies? Dahm beschloß, der Hüter dieses Para-
dieses zu werden, doch beileibe nicht abwehrend, wie
der Engel mit dem Schwert. Er wollte an der Paradie-
sespforte sitzen und für den Eintritt kassieren!

Als im Spätherbst die Seeleute heimwärts fuhren,
wurde ihnen eine Überraschung zuteil. Es war nicht
der Neubau, das Holzhaus der dicken Malerin Malz
mit dem mächtigen Fenster nach Norden, denn das
lag am Fuße der Dünen hinter dem Katen der
Griepsch. Sie sichteten eine Fahne, die hoch auf dem
Berge, der das Dorf gleichsam nach Norden begrenzte,
an einem Mast im Winde flatterte. Sie war auf diesen
kahlen Berg aufgepflanzt, als hätte jemand Land entdeckt und in Besitz genommen. Bald darauf gab es ein
neues Erstaunen: der Wagen rollte hinein ins Dorf,
hielt nicht mehr vor dem tiefen Dünensand! Ein be-
trächtliches Stück des alten Weges war planiert, magere Bäumchen standen zu seinen Seiten!

Es dauerte allerdings noch Jahre, ehe sich erwies,
wozu die Fahne auf dem Berge geweht hatte und der
neue Dorfweg angelegt worden war.

geschrieben 1953

Arnold Zweig
Strand und See - Künstler in Ahrenshoop

*D*er lange, schmale Küstenstreifen zwischen See und Bodden wird vom Hinterland durch eine Landstraße getrennt, an der sich bessernde Hände vorläufig nicht versucht haben. Wozu auch? Vorspanndienste für beschädigte Autos oder solche, die in tiefen Schlammkuten steckenblieben, sind den Anwohnern doch zu gönnen. Und man kommt ja auch schließlich dennoch, die zerfahrenen Kilometer überwindend, in einen gastlichen Ort mit Friesenhäusern und hohen Bäumen, zwischen denen weiße Gänse das Feld so lange behaupten, bis die Kühe abends heimgetrieben werden. Ihre gehörnten Gestalten sieht man eindringlich und unvergeßlich als schwerlastenden Umriß sich vom Horizont abheben, wenn man erst einmal im Grase liegt und seine Lippen salzig werden fühlt vom Anhauch der See.

Die See – einigen wir uns erst einmal über sie! Höchst achtbare Männer haben euch gelehrt, sie bestehe aus Wasser, H_2O, in enormer Menge, durchsetzt mit den und den, gleichfalls chemisch festgelegten

Salzen. Wie dürfte ein einzelner gegen die gepanzerte Naturwissenschaft seine Stimme erheben! Aber Faulenzer im heißen Sandpulver sind abgebrüht und gestatten sich traurige Arten von Mut. Schauen sie sie an, dort liegt die See. Sie schimmert in der Sonne; weite grüne Streifen winden sich durch ein unerhört lebendes Blau, das ohne Ende hinausschweift und das der Himmel, blasser und noch stoffloser blau, in einer unsagbar zarten Linie küßt, dort hinten auf Dänemark zu, wo menschliche Augen gerade noch hinfinden. Sie tastet zärtlich nach dem Strande, und wenn eine Hand hineingreift, ist sie nie sanfter geliebkost worden; mit dieser kindlichen Nachgiebigkeit hat sie die braunklotzigen Blöcke da rundgedreht und schauerlich zerfressen. Sie schmiegt sich überall hin, schäumt leise und flieht, ihre Oberfläche bewegt sich rastlos, sie atmet, dehnt sich, blitzt und lächelt; sie kommt euch mit breitem Rücken und mit spitzen, weiß blinkenden Brüsten versuchen, und wenn ihr ihr traut und das verläßlich gestapelte Land aufgebt, schließt sie euch mit unergründlichem Grün ein, zieht eure Blicke in etwas hinab, das durchsichtige Undurchsichtigkeit heißt, hebt euch, wiegt euch und stößt euch plötzlich die Erkenntnis ins Herz, daß sie euch duldet, mit euch spielt und ihre Langmut an euch erprobt. Sie verwandelt ein Boot oder ein Schiff in ein winziges, weißes Insekt mit kleinen Flügeln oder einem kurzen wirbelnden Schwänzchen – und je größer euch dies Ding vorkam, als ihr es betrachtet, um so winziger schwankt und gleitet es nun auf der glatten Haut.

Wasser? Ihr seid Mücken auf einem lebenden Wesen, das sich euch als Seele und Körper in einem erweist. Oberfläche und grundlose Tiefe, empfindlich schauernde Haut und zugleich ein Auge, das euch ansieht. Wasser – ihr Armen! See ist die Seele der Erde, und jeder Mensch bekennt sich vor ihr zu seinem wirklichen Wesen: einsam in sich gesperrt oder offen,

locker zugekehrt der Welt, stets gejagt von innerem
Antrieb oder fähig, ruhevoll die Arme sinken zu lassen und sich in die große Kraft zu tauchen, die Passi-
vität heißt. Immerwährendes Flüstern am inneren
Ohre oder wortloses stummes Emportauchen phos-
phorischer Bilder, die bessere Einfälle sind als die
worthaften, tiefer heraufkommen und mehr bedeuten. Und von ihnen leben unsere Freunde, die Maler.
Wenn sie dasitzen und die Gegenstände in sich hin-
einsaugen und der Stift dann sparsam und höchst ge-
sammelt Umrisse aufs Papier setzt, die Gestalten von
Männern an Booten, die Bewegung ihres Tuns mit
Stangen und Netzen, dann … Dann verwandeln sich
gleichsam unsere geistigen Eindrücke in Hierogly-
phen, von denen man ablesen kann, in Buchstaben
und Zauberzeichen. Sie erkennen sich wieder, wenn
sie ins Skizzenbuch hineinblicken, obwohl nach Max
Liebermanns Grundsatz „Zeichnen ist Weglassen"
nur eine Suggestion ausgeht von dem braunen Rötel,
nur die Bewegung festgehalten ist im unvergleichli-
chen Lichte. „Das ist unsere Kuh", erklären die Kinder und irren sich nicht und manchmal wird die No-
tiz so sparsam und zugleich so beschwingend, daß im
Anschauen auf dem Blatte die Horizontlinie entsteht,
die der Bildhauer gar nicht eingezeichnet hat, nur gesehen. Das Wesentliche, das die See in uns erstehen
läßt, verwandelt sich im Künstler in Anschauung, in
die mächtige Kontur, die auf Einzelheiten verzichtet,
so suggestiv macht das Versinken in den Anhauch des
Wassers Geist und Hand. In dem Zeichner, dem Bildhauer bleibt immer noch der Trieb zum Tun lebendig,
die Aktivität, die hinter seinem Schaffen wirkt – auch
wo der durchschnittliche Mensch ewig auf der Flucht
vor dem Ich und dem Tode zu sein scheint oder ganz
allmählich bereit ist zur Auflösung, zum Verrinnen,
zum erneuernden Verdämmern. Zur Wiedergeburt,
die man Erholung nennt, zum Dösen im Heißen, zum
Schlafen, Schlafen im Sande. Im Sande, der alles hin-

ter sich hat, pulvis, cinis...

Laßt mich dort, laßt es, es dämmert weg in der roten ehernen Glut – es ist gut ...

Nachts dann aber erwachen wir zum Leben und lassen uns entführen von der dritten Kunst, die dem Meere verwandt ist, wie kaum eine andere, von der Musik. Im grellen Lichte heftiger Lampen, die ihre Kraft von der Sonne geborgt zu haben scheinen, singt und spielt der befreundete Musiker Lieder vor, die er gerade heute komponiert hat, Schöpfungen des Kameraden Dichter, der mittags ebenso im Sande gelegen wie wir – und wir erleben entzückt, wie diese beiden, Kinder des Rhythmus und der anmutigsten Erfindung, dem Ort gleichsam zurückgeben, was er ihnen an Kraft und Einfall entbunden hat, aus der inneren Fülle, die sie schon mitbrachten.

Ja, es ist wirklich gut, was am Rande des Kontinents vor sich geht, dort, wo er ins Wasser taucht: das tätige Leben kommt zu ihm, der schaffende Mensch, der sich abgekämpft im Dienst der Vergesellschaftung. Und verwandelt, in Klang und Lachen durch die Magie des Ortes, des Himmels und der Winde entfaltet sich der Sinn eines erfrischten Lebens in der durch Vernunft und Gemeinsamkeit erhöhten Gesellschaft.

1954

Kurt Barthel [Kuba]
Brief aus Ahrenshoop

Liebe Familie!

Hier ist es sehr schön. Wohnen bei einer verlassenen Kapitänsfrau, die gerne säuft. Das Meer rauscht und macht einem bange, daß man in Berlin wohnen muß. Kleines Familie zu Haus zieht vom Meer fort. Schwierige Lage.

Mätzig hat hübsches Fischlandhaus – echtes Fischlandhaus, teures Fischlandhaus. Tantchen kocht thüringisch an Strand von brusende See. – Gotteslästerung. Rundrum alles unter Naturschutz. Die See kehrt sich nicht daran, frißt alles weg. Ein Trost: sie kommt auch einmal bis Berlin. Die Möwen sind schon alle in Berlin.

An der sea side sind nur Brückner und ich und Mätzig. Gespräch geführt über unsren Film. Mätzigs Einwände: gescheit und richtig. Ich hatte sie selbst.

Hab seit gestern abend Schmerzen in der Seite, könnte sein: Nieren - Lunge - reflektierter Blinddarm. Glaube aber an versetzte Fürz. Denke viel an kleines Familie. Protze mit Bildern. Möchte gern wissen: wie geht es dem Plan der Ingenieurin? Was machen Jockels Zähnchen? Kommt kleines Familie nach Fischland?

Liebe Anna! Gurkenglas war gute Idee. Hast Du die besoffene verlassene Kapitänsgattin geahnt? Sie meint, sie wäre eine Enkelin Störtebeker. Glaube ich aber nicht. Ach Gott! Was ist aus den Likedeelers geworden.

In großer Sehnsucht nach kleines Familie
Euer Kuba

Alt-Hagen/Ahrenshoop, 14. November 1955

Theodor Schultze-Jasmer
Über den Weststrand
Tagebuchaufzeichnungen

*Ü*ber den Weststrand: Es wirkt zuweilen doch recht melancholisch machend, wie hier die Natur so sinnlos wütet. Riesige Seetangbänke sind angespült und Holztrümmer in Menge dazu - die umgestürzten Bäume, oft recht chaotisch das alles. Trotzdem aber wieder voll eines wilden Zaubers. Manchmal frage ich mich, was finde ich eigentlich an dieser Landschaft so eigenartig, daß ich von ihr nicht loskomme und sie immer wieder darstellen muß, vor allem, daß mich immer aufs neue diese so windgeformten Bäume reizen. Nun, da muß wohl eine tiefere innere Verbundenheit wirksam sein.

...vor allem der Weststrand so ganz menschenleer ist doch immer wieder ein Erlebnis. So allein mit der Natur atmet man auf und die ewig anrollende See spült auch vieles weg, was einen bedrückt. Wie nichtig erscheint alles Treiben angesichts der grandiosen

Natur, von der wir hier noch ein letztes ursprüngliches Zipfelchen haben.

1953

...und nun sitze ich in unserem Gewitterversteck, ich habe noch eine sehr bewegte Skizze gemacht - Blick nach Esperort über dunkle Wacholder hinweg, - es hatte mich wie ein Rausch gepackt - so muß van Gogh gearbeitet haben mit allen Mitteln: Fingern, Pinseln, Spachtel - man wird ganz verrückt, und wenn man dann aufhört, ist man doch verzweifelt, weil alles doch immer weit weg vom Gewollten bleibt. Aber das ist nun nicht anders - der Moment des Schaffens ist ja wie eine Zeugung - rauschhaft, - beglückend verliert man sich, gerät außer sich - man ist verwandelt.

1951

Jürgen Lenz
Von Seemannsdörfern, Studenten
und Fischländern

Die Karte von Zingst hatte ich nicht lange studieren müssen, um herauszufinden, daß ich mich nur für
Prerow entscheiden konnte. Von den Ausläufern des
Darßer Urwalds in einen Winkel eingezwängt, liegt es
an Prerowstrom und Meer. Die Nordspitze der Halbinsel, Darßer Ort, und die Südspitze, Pramort, schienen
mir leicht zu erreichen. Fett eingezeichnete Wege
führten durch den Urwald zur Westküste. Wenn es also den Ort nicht gäbe, dann hätte ich ihn für meine
Zwecke erschaffen müssen. Ein anderer Reiz, der
nicht auf der Karte stand, mich jedoch nicht minder
lockte war, daß es sich bei Prerow nicht um ein aus-
geschmücktes Fischerdorf, sondern um ein altes Seemannsdorf handelt. Noch in der Mitte des vorigen
Jahrhunderts hatten die Zingster Seemänner, und unter ihnen besonders die Prerower, mit ihren eigenen

Segelschiffen im Frachthandel auf den Meeren eine
gewisse Rolle gespielt. Sie hatten die Herausforderung
der Ostsee angenommen und waren nicht von der
See, sondern von der Dampfschiffahrt besiegt worden.
Wer von den Männern, die tüchtig in der Seefahrt waren, nicht in die großen Hafenstädte abzog, verwan-
delte sich in seiner grauslichen Lage in einen Pen-
sionswirt, denn zum großen Glück für die ganze Halbinsel setzte gerade in dieser Zeit der Vogelzug der
Badegäste ein. Ich war darauf gefaßt, in jedem Haus
von Prerow Segelschiffe in Flaschen, ausgestopfte Al-
ligatoren an den Decken und allen möglichen Krim-
skrams aus den Trödelläden von Hamburg und
Schanghai zu finden. Doch außer in der alten, hübschen Seemannskirche, in der Segelschiffe über den
Bänken segelten, sollte ich wenig davon sehen. Die
Vorstellung von einem Seemannsdorf fiel mir schwer,
weil ich noch keine Seeleute erlebt hatte, die Kühe
züchteten. Zu guter Letzt erreichte mich noch ein
Brief von Studenten, die in Prerow zelteten und mich
zu einem Besuch einluden.

In Barth hatte ich mir ein Auto genommen, weil
mir der Fährdampfer den Prerowstrom zu lange ent-
langbummelte. So kam ich um die Mittagszeit in
Prerow an und nahm zunächst weit und breit keinen
Menschen wahr. Keine Maus rührte sich. Der ganze
Ort strahlte für mein Empfinden sogleich etwas von
ländlicher Ferienstimmung aus; mit heiterstem Gewissen konnte man hier sein Mittagsschläfchen wagen
und auch sonst ein recht behagliches, müßiges Leben
führen. Ich sage ländlich, denn die größte Überraschung für mich war, daß Prerow inmitten grüner
Wiesen liegt. Das Dorf zieht sich weitläufig hin, in
breiten Straßen, und wahrscheinlich lag es an dieser
unerwarteten Weiträumigkeit, daß ich es für viel
größer hielt, als es wirklich ist. Fast alle Häuser hatten einen Garten und am Eingang einen hohen Laub-
baum, Eschen oder Buchen mit majestätischen Kro-

nen, unter denen sie beinahe ertranken. Der Finger-
hut wuchs mit seinen Kelchblüten bis in die Höhe der
Schilfdächer, und wenn ich sie lange betrachtete,
dann verwandelten sie sich in bezaubernde Aquarelle,
von denen ich mir die besten Stücke in jedes Zimmer
hängen würde. Ich begriff, daß Maler hergezogen waren, um all das Sehenswerte mit Stift und Tusche ein-
zufangen. Die Wände einiger Häuser waren bunt gestrichen, ihre Türen mit geschnitzten Lebensbäumen,
Runen und Sinnmalen verziert. Ich kenne nicht die
Umstände, die verhindert haben, daß in Prerow
Schlauberger aufgestanden sind, die sich in den Kopf
gesetzt hatten, aus dem Strand ein Vermögen zu
schlagen, und sich Mühe gaben, das Dorf zu einem
Weltbad herauszuputzen, aber ich war bereit, den
gräßlichsten Umstand über den Klee zu loben. Prerow
ist ein Ort, an dem meinem Gefühl nach niemals
Spektakel getrieben werden darf.

Müde vom Herumgehen, suchte ich den Lagerplatz
der Studenten. Ich wußte nicht, was geschehen würde, denn ich befürchtete ein wenig, daß mir knifflige
Fragen gestellt werden konnten, die mich in Verlegen-
heit bringen mußten. In einer Kiefernmulde stieß ich
auf gelbe Dachzelte, und lauter junge Leute begrüßten
mich, die gleich sehr nett zu mir waren. Ich fand einige Mädchen vergnügt beim Öffnen von Fleischbüch-
sen, und junge Männer, die schon beim ersten Hand-
schlag zeigten, daß sie keine eingebildeten Pedanten
waren, führten mich herum, damit ich mich davon
überzeugte, daß sie sich mit aller Bequemlichkeit aus-
gestattet und eingerichtet hatten. Zeltlager haben
ihren eigenen Reiz, und dieses hatte seinen ganz besonderen. Es kam mir so vor, als setzten die jungen
Leute aus den Hörsälen, die Mediziner aus Greifs-
wald, die Juristen aus Jena, Philosophen und Natur-
wissenschaftler, ihr eigenes Leben in der Gemein-
schaft des Lagers fort. Sie waren so frei und frisch in
ihrem Wesen, so heiter und jedem Vergnügen zuge-

wandt, diskutierten freudig und gescheit, daß ganz
unmöglich nur die Sonnentage von Prerow ihre Auf-
geschlossenheit hervorgebracht haben konnten. In
Scharen kamen sie vom Baden zurück, und alle sahen
so aus, als seien sie immer im Freien aufgewachsen.
Der Abend, den ich in ihrer Gesellschaft verbrachte,
war einer meiner schönsten an der Ostseeküste. Ich
kann mich gut an ihre Gesichter erinnern. Keiner
preßte mir mit verzwickten Fragen das Blut aus, sondern alle hatten anscheinend Respekt vor meinen
Wissensgrenzen. Sehr viele waren Arbeiter- und Bau-
ernkinder, der Sauerteig unserer Universitäten; sie
verkörperten mir in der äußeren Erscheinung und in
der Persönlichkeit einen Typus eigener Prägung, den
ich wiedererkennen würde, sooft er mir zu Gesicht
käme. Als die Dunkelheit schwarz über dem
Wäldchen lag, als die Mücken bissen, tanzten wir
beim Schein der Öllaternen nach den Rhythmen eines Kofferradios, und pünktlich machten wir Schluß,
als die Uhren Mitternacht anzeigten. Eine Studentin,
eine Rostockerin übrigens, gab mir den nützlichen
Rat, mir für meine Wanderung nach Pramort ein Rad
auszuleihen, weil sich der Weg hin und zurück dann
leichter schaffen ließ. Das tat ich dann auch. Für eine
Mark die Stunde vermietete mir der gewitzte Nach-
fahre eines sicher arglosen, anständigen Seemanns
sein Stahlroß, und ich strampelte die breite Straße
nach Zingst.

Nun muß ich zugeben, daß ich die Eile meiner Her-
reise bedauerte, denn auf der Hohen Düne von
Prerow hielt ich an und sah, wie reizvoll die Strom-
landschaft ist. Der Fluß schlängelt sich in großen Bö-
gen durch unendlich weites Wiesenland, ein Bild von
beinahe holländischem Charakter. Auf einem Dampf-
ferchen hätte ich viel mehr gesehen als aus den Fenstern des Autokastens. Auf der Nordseite glänzte un-
terhalb der Düne das Meer. Die Sonne erinnerte mich
an das Klima, in dem die Ananas gedeiht. Die Straße

verlief grade, einem leeren Horizont nach. Dieser Teil meiner Expedition nach Pramort fiel mir so auf die Nerven, daß ich auf halber Strecke beschloß, mich nach der See zu retten und zu baden. Aus dem Strand kroch die Hitze wie ein unterirdisches Feuerchen, und über dem Meer flimmerte die Luft. Seltsamerweise war ich allein, und es schien, als gehöre die blaue Bucht, die halbe Welt nur mir. Da bemerkte ich dieses: Vier Mädchen und nach ihnen ein junges Paar schoben ihre Räder durch die Schneise, in die ich eingebogen war; unweit von meiner Lagerstätte stellten sie die Räder zusammen.

Ich habe nicht lange hingeschaut, aber als sie an mir vorüberliefen, fand ich sie alle miteinander wohlgestaltet, von schönem, makellosem Wuchs. Sie waren nicht, wie ich sah, das Produkt puritanischer Erziehung, und auch ganz bestimmt waren sie keine Sonnenanbeter, denn sie benahmen sich gar nicht feierlich, sondern tollten völlig ungezwungen und natürlich in der See. Es wäre mir sehr dumm vorgekommen, sie mit den schwersten Strafen zu bedrohen. Sie störten niemanden, und wenn dennoch nicht alles stimmte, wenn es jemanden gab, der angesichts der Stille der Dünen und des Meeres ein sündiger Mißklang war, dann konnte nur ich es sein. Meine Bekleidung, war sie auch so dürftig, daß ich mich damit nicht überall sehen lassen durfte, kam mir plötzlich schrecklich unanständig vor. Ich machte es den anderen Menschenkindern nach. Das Leben wurde zwar dadurch nicht schöner, aber das Baden wurde viel erfreulicher. Ich hatte davon bisher keine Ahnung gehabt, vielleicht genoß ich es deshalb besonders. Dieses Bad war ganz nach meinem Körper und nach meinem Herzen. Mein Wohlbehagen hielt sogar an, als ich wieder durch Staub und Sonnenglut strampelte und meine Beinmuskeln überanstrengte.

Hinter Zingst schlug die Straße einen Bogen um den Straminker Forst. Ein paar Gehöfte lagen am

Wegrand, aber die Menschen, die zu ihnen gehörten, waren nicht zu sehen, und sogar auf den Dünen bin ich niemandem begegnet. Einsamkeit gab es genug, doch es schien, als mache der Mensch wenig Gebrauch davon. – Ein paar Vögel stiegen zum Himmel auf und schrien zu mir nieder, das war alles. In den Dünen bei Pramort empfing ich tiefe Eindrücke von der Stille und Unberührtheit, von der Reinheit und Klarheit einer Sandlandschaft. Die Allmacht des weißen Sandes vermochte nichts zu verdecken; zwischen Silbergras und Distelgebüsch, zwischen Meersenf und Krähenbeere, immer fing zuerst der Sand das Auge. Aber gerade durch diesen kargen Wuchs wurde mir das Bild der Armut und Unfruchtbarkeit vollkommen. Sicher sind die Dünen harmlos im Vergleich zu einer afrikanischen Wüste, doch nach einiger Zeit verstand ich, daß der Mensch, außer dem studierten Geologen, um keinen Preis auf ihnen leben und nur sehr selten sein Zelt aufschlagen mag. Die stete Anregung zur Grübelei, die Sand und Meer dem Geist und der Phantasie bieten, kann ganz normale Menschen allen Ernstes zur Zwiesprache mit dem Teufel führen. Ich wünsche also niemandem, auch meinen ärgsten Verwandten nicht, daß sie hier wohnen und obendrein von abscheulichen Geistern heimgesucht werden, die sie streng auf ihre Gesinnung prüfen.

Von der Hohen Düne aus sah ich östlich die ausgedehnte Sandebene in der Ostsee, den „Bock", liegen, diesen sonderbaren Sandstrich, der an das Wattenmeer erinnert. Das Bild der Stille und Leblosigkeit, das sich den Augen bietet, trügt, denn der Sand besitzt sein Eigenleben, er ist in unsichtbarer Bewegung begriffen, die Strömung trägt ihn fort vom Strand der Bucht und schwemmt ihn an den „Bock", der danach trachtet, weiterzuwandern. Menschenhände versuchen ihn immer wieder durch Anpflanzungen von Kiefern, Eschen, mit Sanddorn und kleinen Kräuter zu halten. Ich saß am Rande der Hohen Düne und schaute durch die hitzeflirrende Luft nach dem Gellen von Hiddensee, in ein Stückchen Vergangenheit, in der die Zeit sorglos verstrich. Und ich vergaß alle Mühsal, die mir mit der Heimradelei nach Prerow noch bevorstand.

Am nächsten Tag wollte ich zum Darßer Ort, dem nördlichsten Punkt der Halbinsel, den das Schwemmland der Westküste baut; ich wollte zur Bernsteininsel, aber ich sage gleich, daß mich ein grundehrlicher Prerower davon abhielt, weil er prophezeite, daß ich keinen Bernstein finden würde. Zu gern hätte ich durch Jahrtausende veredeltes Harz, einen Safttropfen, der Stein wurde, mitgenommen. Bernstein scheint mir der schönste Schmuck, denn ich wüßte keinen Stein, der so warm, so fleischig, von so leuchtendem Dasein ist wie dieser. Seine Geschichte ist die Geschichte grauer Vorzeiten. Manchmal, sehr selten, nach Sturmfluten, wenn die See aus ihrer Tiefe die Überreste von Weltzeitaltern hervorspült, soll er des Morgens von Zingstern, die die Stellen kennen, gefunden werden. Zu diesen Auserwählten gehörte ich nicht. Ich verzichtete also und machte mich auf in den Darßer Urwald. Auf der Karte hatte ich schon gesehen, daß er das Fischland von Zingst trennt, nicht eigentlich als Schnittpunkt; sondern er liegt ganz für sich, ein eigener Erdteil. Wenn ich nicht irre, dann sind über Entstehung und Geschichte, über Fauna und Flora des Darßes dicke, ausführliche Bücher geschrieben worden. Ich bin sehr unvorbereitet in das Walddickicht geraten, betrogen dazu von der Bäderkarte, die mich auf einen bequemen Weg, breit wie ein Fahrdamm, lockte, der sich dann als stachliger Pfad entpuppte. Obwohl ich nicht gerade gefürchtet hatte, gleich einem Lindwurm oder den häßlichen Exemplaren der Säugetiere aus der Tertiärzeit zu begegnen, so besaß ich doch meine unbestimmten, aus der Kinderzeit herrührenden Vorstellungen von nördlichen Urwäldern, von Eichendschungeln mit kräftigem Buschwerk. Was mich am meisten überraschte, war der ständige Wechsel der Flora. Es roch nach Feuchtigkeit, nach Harz, Moos und Pilzen. Ich traf auf Räume, mit Nadelwald, mit Kiefern und Lärchen bewachsen, ich fand meine knorpligen Eichen und Buchen in absonderlichsten Formen, ich stieß auf Waldwiesen, auf denen Bauern ihre Sensen dengelten, auf verlandete, verschilfte Waldseen, auf mannshohe Farnkräuter, und ich staunte Wacholderkerzen an, die alle Bäume überragten. Ein seltsames Tönen kam aus den unbewegten Wipfeln, über denen die heiße Luft stillestand; es war, als koche der Saft in ihren Blättern. Ich muß zugeben, daß mir, eingeschlossen von Baumriesen und verdächtigen Mooren, melancholisch zumute wurde, daß ich aber auch nicht zu den Leuten gehöre, die sich am Meer mit tiefer Befriedigung am liebsten im Wald aufhalten. Das Bild, das ich vom Darßer Urwald entwerfe, ist darum sicher völlig unvollständig und oberflächlich. In der unmittelbaren Nähe der See war er mir immer ein sehr verwunderlicher, unheimlicher Ort; der soll er ja auch sein. Bis zu diesem Tage hatte ich niemals daran gedacht, nachzusehen, wie er wirklich ist. Mich reizte das Meer, das ihn an der Westküste fraß. Herabgestürzte Baumstümpfe lagen wie abgenagt und ausgespuckt am Strand.

Die klassische Stelle des Landfraßes ist Esper Ort mit seiner letzten südlichen Buchengruppe, hohen entkleideten Stämmen, die dünne zerzauste Baumkronen tragen. Der Westwind hat sie landeinwärts gebogen, ihren Wuchs in Pinienformen verschandelt. Jahr um Jahr rückt ihnen die Ostsee näher, schluckt Stücke aus dem Steilufer und würgt ihre Wurzeln ab, um sie mit dem Sturm im Bunde eines Tages umzubringen. Klaglos erwarten sie ihren Untergang. Ich bin überzeugt, daß jeder Strandwanderer diesen tapferen, verlorenen Helden des Baumgeschlechts im stillen eine Grabrede hält. Freilich traf ich eine junge Frau mit der Zeichenmappe unter dem Arm, überhaupt ihrer sonstigen Ausrüstung nach eine vollkommene Malerin, die ich in Verdacht hatte, sich recht selbstsüchtig an Esper Ort als einem Motiv für ein romantisches Gemälde zu erfreuen.

Es war nicht schwer zu erraten, daß sie von Ahrenshoop kam, denn dieser Fischländer Badeort befindet sich als Künstlerkolonie im ständigen Aufstieg. Ich merkte das nicht so sehr am Strand als vielmehr in den „alten Kaffeestuben", die zu jeder Tageszeit glänzende Geschäfte machten. Ich weiß nicht, was sich die ersten Maler, die um die Jahrhundertwende in das ärmste Dörfchen des Fischlandes einige Wohlhabenheit brachten, gedacht haben. Vielleicht glaubten sie, daß sie in ein menschliches Paradies einzogen. Und flugs verschönerten sie es mit den Farben ihrer Paletten, überpinselten den Ort und veredelten ihn, damit alle Bürger, die ihnen nachzogen, ihr Wohlgefallen daran haben sollten. Ganz gewiß brachten sie zustande, daß Ahrenshoop kein Seemannsdorf und kein Fischerdorf und auch nicht ein Schatten seiner selbst geblieben ist, sondern eben Ahrenshoop wurde. Das Gefühl, jeden Augenblick abreisen zu können, stärkte sehr mein Wohlbefinden. Im Meer und in seiner Umgebung fand ich keinen Anlaß zur Kunstgewerblichkeit, demzufolge irritierten mich die falsch kopierten Katen, die lila gestrichenen Hauswände, die handfabrizierten Wanddecken, die Holzschalen des Erzgebirges und die gottgläubige Kirche. Abends allerdings war ich erstaunt, daß die Dämmerung nicht Anlaß genug war, mit farbigen Glühbirnen zu prunken. Und dann zerbrach ich mir den Kopf darüber, welche seltsamen Umstände im Spiel gewesen sein mochten, daß die Entdecker vor fünfzig Jahren ausgerechnet in diesem Dorf das aus nicht mehr als nur einem einsamen Bauernhof und ein paar wackligen Katen bestanden hatte, haltgemacht haben. Ich denke mir, daß es die Nähe des Urwaldes ist, von der sich Ahrenshoop

seit je den Ruhm auslieh, ein Ort von besonderer Be-
schaffenheit zu sein. Der Darß trägt tatsächlich zur
Verherrlichung des Kurortes bei; sein Vorhandensein
gibt den Gästen die Gewißheit, an einer außerordent-
lichen Stätte zu weilen. Ich fand es nur schwer, an eine beziehungsreiche Verbindung zwischen ihrem Leben und einem Urwald zu glauben. Gemeinhin fährt
man an die Ostsee, um zu baden, aber die Ahrenshooper sah ich mehr spazierengehen, über die grüne
Ebene des milden und freundlichen Hinterlandes
wandern als die Leute sonst an der Küste.

Barfuß lief ich das Hochufer nach Wustrow entlang, für das ich eine verständliche Vorliebe habe,
wenn man bedenkt, daß dieser Ort eine tiefe und ernste Beziehung zur See hat, daß es sich bei ihm wirklich und wahrhaftig um ein Seemannsdorf handelt. Es
mag am guten Wetter oder an meiner Vorfreude gelegen haben, daß mir die Ostsee in ihrem tiefen, saphi-
renen Blau schöner schien als das ionische Griechen-
meer. Buhnen schützten den Strand vor Landverlust,
doch was die See nun schwieriger vermag, das schaffen leicht die Südwestwinde; sie schaufeln die Dünen-
höhen ab und tragen den Sand nach Osten. Die Dünen waren sorgsam bepflanzt, um die Abtragungen zu
mildern, und ich ging dem schüchternsten Grashalm
aus dem Wege, um bedachtes Menschenwerk nicht zu
zerstören. Ich habe gelesen, daß sich auf dem Fischland die Wustrower und Ahrenshooper genausowenig
leiden können wie die Westfriesen und die Nordfrie-
sen. Ich halte das für glatte Übertreibung, obwohl die
Ahrenshooper Gepflogenheiten die Fischländer ein
wenig voneinander getrennt haben könnten. Die alten
Wustrower mögen im Hochgefühl der Erinnerung an
die unbefleckten Schiffe, auf denen sie alle Meere befahren haben, über das Erdenwandeln in Ahrenshoop
die Köpfe schütteln, doch so ahnungslos in ihrer see-
männischen Landfremdheit, daß sie nicht wüßten,
was das Vermieten an Sommergäste einbringt, sind

sie auch nicht. Ihre Häuser halten sie allen Urlaubs-
gästen mit gewerkschaftlichem Feriencheck weit
geöffnet. In den baumumstandenen Straßen traf ich
das Badevölkchen, lustig und schwatzend, mit Frot-
tiermänteln über den Schultern; hübsche Farbtupfen
in dem sonst ein bißchen eintönig wirkenden Ort.
Zwei alte Herren mit schön gewellten Bärten und
Schiffermützen auf dem Kopf schritten vor einem
Garten gemächlich auf und ab wie pensionierte Amts-
personen. Doch sogar auf der Oberfläche ihres Le-
bensabends glaubte ich noch die Spuren der Zähigkeit
und jenes ruhelosen Glitzerns zu sehen, das das Dasein des Seemanns ausmacht.

Viele der alten Wustrower Kapitäne haben noch
auf Segelschiffen gefahren, manche hatten eigene
Planken unter den Füßen. Nun kann ich Männer mit
ihrer Vergangenheit nie ohne Überraschung, Rührung
und Bewunderung betrachten. Denn sie haben ihre
Brigg mit den gewaltigen Takelagen und engen Raum-
verhältnissen, die zwar auf dem Papier sehr schön
aussieht, aber auf dem Meer furchtbar unlenksam gewesen sein muß, geschickt bedient, um die gefähr-
lichsten Klippen gesteuert. Für die Generation unserer Seeleute sind sie Vorgänger, deren Leben vorüber
und deren Ruhm vergangen ist. Hört man sie an und
glaubt man ihnen, dann waren die Wustrower die besten Seefahrer aller Meere von Grönland bis Neusee-
land. Und alle, alle kehrten sie zurück in ihre Heimat
und bauten sich in Wustrow ein Haus, wenn sie alt geworden waren. Dennoch lebt auch dieser alte Ort
nicht in Seufzern, hat sich nicht mit der Gegenwart
entzweit, er macht dem zeitlosen Meer keine Schan-
de. Das ist es, was mir an ihm so gefällt. In der See-
fahrtsschule, die sich die Fischländer vor mehr als
hundert Jahren mit eigenen Mitteln bauten, sitzen die
Seeleute von heute auf den Bänken und studieren Ma-
thematik und moderne Navigation. Bei ihnen war ich
zu Gast in der Schule, die gleichzeitig ihr Heim ist, so

großzügig, hell und bequem gebaut, wie ich mir alle Schulen und manche Heime wünsche.

Ihrer Zusammensetzung nach waren unsere Kapitäne von morgen eine gemischte Gesellschaft: Binnenländer, die einst die Elbe für den größten Fluß der Welt gehalten hatten, Kleinstädter, die ausgezogen waren, um Schiffe zu schauen, Jungens, die an der See geboren und aufgewachsen sind. Sie hatten die für das Patent notwendige Fahrzeit auf unseren Schiffen hinter sich gebracht; junge, prächtige Kerle, die bereits die rechten Eigenschaften der Seeleute aufwiesen: begeistert von ihrem Beruf, zäh, voll trockenen Humors. Wir unterhielten uns über Bücher, Schiffbau, Politik, über die Hochseefischerei, den Staatshaushalt, über Angstzustände und den Tod. Es war unglaublich, was wir in diese Stunden, da wir zusammensaßen, alles hineinstopfen konnten. Einer ihrer Lehrer, ein weitbefahrener Kapitän, erzählte von unvergeßlichen Sturmtagen im Indischen Ozean, von der geradezu biblischen Seetüchtigkeit seines Schiffes, und er war so hingerissen von diesem Inbild des Mutes und der Ausdauer, daß er die schreckliche Zeit „wunderbar wie meine Hochzeitsreise" nannte. Für uns alle war es ein großartiger Abend, wenigstens glaube ich das, denn es fiel uns schwer, auseinanderzugehen. Hätte ich fortfahren müssen, ich hätte alle Züge verfehlt.

Lange nach Mitternacht stand ich noch einmal auf dem Dünenrücken. In der Nachtschwärze blinkte ein rotes Pünktchen, die Positionslampe am Mast eines Schiffes. Es zog hinaus, an der Bucht, an den Landspitzen, an den menschlichen Siedlungen vorbei, in weite Ozeane. In der Luft lag ein murmelndes Geraune. Von der Finsternis versteckt, leckte die Ostsee am Strand. Ich hörte sie.

1956

Heinz Kahlow
Mit Kleo unterwegs
Die reine Natur

Nachmittags ist der Darß dran.

Der Darß ist ein Urwald und reicht von Prerow bis Ahrenshoop. Jetzt könnte ich natürlich die Unterschiede zwischen beiden Orten aufzählen, aber das ist vielleicht mehr ein Aufsatzthema für die einheimische Schuljugend: „Ahrenshoop ist schmal, Prerow aber rund. Das Auffallende an Ahrenshoop sind die vielen Künstler, Prerow hat auch welche, aber die sind nicht so auffallend."

Übrigens wird jetzt eine neue Chaussee gebaut, so daß man bald von Ahrenshoop nach Prerow fahren kann, und die Chaussee ist sehr klug und mitfühlend und will keine Seeadler vertreiben und geht deshalb in großem Bogen um den Urwald herum. Wir wollten hinein.

„Alsdann und heißa!", sprach das kluge Kind. „Laßt uns die Reinheit der Natur genießen!" Und verstaute den Wein, den wir gekauft, und die Gläser, die wir geliehen, in die Kutsche, die wir gemietet hatten.

Herr K., der Prerower Kutschenbesitzer, rief seinen Pferden was Plattdeutsches zu, und wir trabten davon.

Die Sonne lachte, die Ringelnattern huschten, der Mäusebussard schrie, ein paar Fichten, die nicht aufgepaßt hatten, waren vom Efeu eingewickelt worden bis zum Wipfel, und Herr K. machte nicht nur den Kutscher, sondern auch den Erklärer so gut, als ob er drauf studiert hätte.

Wir fuhren – mitten im Darß – auf dem ehemaligen Meeresufer entlang. Es ist eine Steilküste gewesen, das Land nördlich davon – jetzt auch schon mit jahrhundertealten Bäumen bestanden – ist viel niedriger. Wasser und Wind haben einstmals Sandbänke aufgebaut, und die vom Meer abgeschnittenen Lagunen sind langsam durch Pflanzenwuchs verlandet.

Kleopatra aß gekochte Eier und streute die Schalen behutsam in ein paar Sümpfe, weil Eierschalenwasser so gut für die Pflanzen ist. Plötzlich waren wir an der See, am Weststrand des Darßes. Da lagerten wir uns in den Dünen, packten die Gläser und die Flaschen aus, und die gute Sonne lächelte mild. Der Wein lächelte auch, und Herr K. erzählte, wie hier früher manch ein Schiff auf eine Sandbank geraten und einmal tonnenweise Margarine an den Strand geschwommen sei. Das war in dem miesen Jahr zweiunddreißig, und die Prerower Bäcker mochten dann keine Kuchen mehr abbacken, weil der Teig immer zu fett war und auseinanderlief. Und auch Weinfässer wurden an Land getrieben …

„Sühstuwoll“, sagte das kluge Kind, und die Gläser wurden wieder voll, und die Sonne funkelte im Wein, solang er in den Gläsern war, und das war immer nicht lange.

„Einmal, von einem anderen Schiff“, erzählte Herr K. noch, „fand meine Großmutter eine Kiste VIM, das Putzmittel, wissen Sie, die hat zwanzig Jahre lang gereicht.“

Dann brachte er die Gläser und die leeren Flaschen in den Wagen zurück, und wir gingen aus den windgeschützten Dünen an den Strand hinunter. Der Wind wehte uns feinen Sand ins Gesicht. Kleopatra wischte sich ein Sandkorn aus dem Auge, hielt es mir hin und sagte ernst und feierlich: „Hier kann man spüren, Heinrich, wie die Jahrhunderte arbeiten. Ganz langsam. Körnchen für Körnchen. – Und dann vergleiche das mal mit der Rostocker Hafenmole!"

Ich ging ein Stück weg und sah mir die seltsam verwachsenen Bäume an, die „Windflüchter" – und einen Augenblick lang war jeder von uns ganz allein auf der Welt.

Kleopatra fühlte sich unbeobachtet und buddelte mit beiden Händen im Sand. So richtig aus Herzenslust. Wie ein junger Hund. Ich rief: „Kleo, was soll das?"

Sie hörte auf, wurde rot. Dann: „Och – ich hab' man bloß Strandgut gesucht!"

Später fuhren wir an die Nordspitze zum Darßer Ort und erkletterten den hohen, windigen Leuchtturm.

„Nun siehst du, Kleo, wie Mutter Natur die Landkarte verändert. Da vorn die Bernsteininsel wird sie auch bald dem Darß eingemeinden."

„Hm", sagte Kleopatra, „und hier in der Mauerritze sitzt ein Sandkörnchen. Ob es das von vorhin ist?"

„Vielleicht!"

„Wir hätten sollen das Sandkörnchen kennzeichnen!" sprach das kluge Kind.

1970

Uwe Johnson
Gesine Crespahl

Gesine Crespahl stieg auf dem Fischland am Kiel aus einem Bus und ging durch Fulge nach Norden, rasch weg von dem gelben Ätzgestank des Holzgenerators; ihr fiel auch nicht ein, worauf sie vor drei Tagen in Jerichow noch vertraut hatte. Sie ging schamlos vorbei an der Bürgermeisterei; eine zurückkehrende Einheimische wird doch keine Kurtaxe zahlen. Hinter dem Ostseehotel, an Malchen Saatmanns Ecke bog sie ganz richtig ins Norderende ein, als wolle sie sich, bei Bauer Niemann für die Ernte vermieten, blieb dann aber stehen vor einem ganz roten Katen, der mitsamt dem Dach zugestellt war von Hecken und wilden Büschen und üppigen Bäumen. Das war in dieser Gemeinde ihr Haus, nun ging sie nicht hinein. Dazu war sie zwar gekommen.

Sie vergaß, daß Alexander Paepcke es ihrem Vater ins Eigentum geschrieben hatte; es gehörte ihr bloß, weil sie hier mit Paepckes Kindern eine Heimat gelernt hatte. Der Zettel am Pfahl verriet, daß nun ganz Fremde auf dieser Büdnerei lebten; wer sonst in Althagen braucht ein Namensschild. Bloß Fremde waren imstande, den Damm aus Rollsteinen um das Haus nicht frei zu puken von Unkraut. Das Rohrdach war struppig an der Südwestecke, da würde es durchregnen schon im Herbst. Die Erinnerung verweigerte.

Sie wäre wohl weitergegangen auf dem festen Sand zwischen den dichten Hecken zur Kaufmannsecke, zur Bushaltestelle an der Ahrenshooper Post, sie hatte auf dem Fischland nichts mehr zu suchen; bloß verjährte Gewohnheit führte sie zu dem Katen, wo die Paepckes die Schlüssel für den Winter abgegeben hatten. Sie war da nicht allein, ihr war bloß so zumute; unfehlbar grüßte sie die frühabendlichen Spaziergänger, immer zuerst, nicht weil sie jünger war, streng der englischen Sitte zuliebe, so daß manche der Herren Verwunderung zeigten. Die entging ihr. Sie stand endlich vor Ille, und beide erschraken vor einander fürchterlich.

Ille hatte den oberen Flügel ihrer Tür an die Wand geklappt, so daß es eine Snackdoer war; unverhofft stand sie so still, eingerahmt war sie. Sie sah das Kind, das früher immer mit denen von Paepckes gekommen war, die aber wußte sie tot. Ille war leicht zu erkennen, unveränderlich besinnlich im Gesicht, ihre Sommersprossen schienen noch mehr eingewachsen, ihr sprödes rötliches Haar ließ an das von Männern denken. Ille trug, im Haus, ein weißes Kopftuch, wie Leute auf dem Fischland es tun aus Trauer um einen Toten; sie hatte ihren Kapitän doch noch geheiratet mit zweiundvierzig Jahren. Der Schreck dauerte einen Lidschlag lang. Dann war Ille die Ältere und sagte, kaum tadelnd, kaum besorgt: Gesine. Du bist utraetn.

Gesine Cresspahl war ausgerissen von zu Hause, und Ille brachte ihr bei, daß der Zettel auf dem Küchentisch in Jerichow nicht ausreichte für Jakobs Mutter. Am gleichen Tag noch mußte sie oewe den Pahl zur Post mit einem Brief, in dem stand, sie sehe hier nach Verwandten. Es war die Wahrheit, sie hatte so etwas vorgehabt. Weiterhin brachte Ille in Schick, daß das Kind bei ihr unterm Dach schlafen sollte, wenn es ihr denn zu zweit nicht genierlich war. Es war doch wohl eigentümlich, zu Bauer Niemann in Arbeit und Brot zu wollen, wenn sie einmal angefreundet gewesen war mit Inge Niemann. Was das anging, was zu tun, hatte Ille selber zu vergeben. Das war verstanden und ausgemacht von Anfang an: Gesine gehörte nicht mehr zu den Herrschaftskindern. Willkommen war sie, für Bett und Tisch mußte sie nun arbeiten.

Was zu tun, fing morgens an im Garten, da waren Wurzeln zu ziehen, Stachel- und Johannisbeeren zu pflücken, Beete umzugraben. Dreimal am Tag war Wasser in die Küche zu tragen, nur noch nach Eimern waren die Kartoffeln zu rechnen, die sie schälte, es gingen wohl acht Liter in die Milchkanne, die sie jeden Abend bei Grete Nagel füllen ließ. Es fehlte bloß, daß Ille sie an den Herd gelassen hätte. Eben aber um die gebührende Andacht zu bekommen fürs Kochen, hatte sie Gesine angenommen. Gesine durfte einen Gurkensalat machen, Brote streichen. Auch sollte sie das Essen auf die Zimmer tragen.

Denn Ille hatte Gäste, zahlenden Besuch aus den Städten, wie in früheren Zeiten. Nur eine Familie Flüchtlinge war dabei, die schickte sie allerdings aufs Feld zu den Bauern, da die sich besonnen hatten auf die Arbeitspflichten einer Büdnerei; wenn diese Biedenkopfs aus Rostock bleiben wollten über den Winter, würden sie Ille nicht mit Miete zahlen müssen, sondern mit Hilfe. Von den zeitweiligen Leuten nahm sie Geld, unbedenklich. Gesine begriff es erst, als eines Morgens im Schuppen hinter dem Haus zwei Ferkel waren, die sie nun obendrein versorgen mußte, als eine Nähmaschine abgegeben wurde und einmal ein Wäschekessel mit fast gar nicht abgestoßener Emaille. Was Gesine auf dem Fischland zu denken gehofft hat-

te, kam ihr kaum ein Mal in den Kopf vor lauter Beschäftigung; die volkswirtschaftliche Belehrung begriff
sie und wollte sie Jakob weitersagen: die Flucht in die
Sachwerte bekam vielleicht einen Termin.

Auch von den Gästen hatte sie eine Meinung;
freundlich war die selten. Es waren Leute aus dem
britischen und dem sowjetischen Sektor von Berlin,
aus Leipzig, aus der Landeshauptstadt. Einer nannte
sich einen Maler, nur war er schon zehn Tage lang
nicht beim Malen zu sehen. In alten Zeiten war so etwas der Gemeindeverwaltung gemeldet worden. Die
anderen waren ein Arzt, ein ostpreußischer Land-
schaftsschriftsteller, der aus Schwerin verwaltete innere Angelegenheiten des Landes Mecklenburg und
mochte es genauer nicht sagen. Die stritten sich oft
und blieben doch auf dem Weg zum Strand wie am
Wasser zusammen, als hielte sie noch etwas anderes
zusammen denn die Unterkunft bei Ille. Die Künstler
wehrten sich gegen etwas, was sie Produzieren nannten. Das verlangte der Funktionär von ihnen.

Nu laßt uns doch all das Leid erst mal verarbeiten!
stöhnte der Maler, – Ihr werdet dann schon sehen,
kündigte sein Kollege in den Musen an, unbestimmt
düster, aber um redliche Miene bemüht. Gesine sah
sich die Herrschaften noch einmal an daraufhin. Gewiß, sie waren nicht eben gemästet am Leib. Aber ihre Anzüge, mochten sie um geringere Masse schlot-
tern, sie waren doch aus begehrenswerten, geschon-
ten Stoffen. Die Gesichter waren glatt, aufmerksam,
beweglich. Denen nahm sie Verhärmtheit nicht ab.
Sie sah, wie entschlossen die einhieben in Illes Räu-
cherbraten, wie verschwenderisch sie einen Hühner-
schenkel angingen mit einem einzigen, umfassenden
Biß. Von trauernden Leuten wußte sie eine andere Art
des Essens. Wenn die Herren hier in Luft und Sonne
und Stille etwas verarbeiten wollten, warum brachten
sie ihre Ehefrauen zum Streiten mit und lebten jeden
Abend in drangvoller Enge zwischen den dichtgestell-

ten Betten? (Ihren Kindern gönnte Gesine die Ferien, so erwachsen kam sie sich vor; mit denen des Schweriners sprach sie nicht mehr, seit die sie hatten anstellen wollen, ihnen die Betten zu richten.) Nein, da war sie lieber ungerecht. Wenn die sich kümmern wollten um ein Leid, es würde wohl das anderer Leute sein.

Die Gäste hatten gleich verstanden, bis wohin sie erwünscht waren, und hielten sich fern vom Garten, vom Stall, von der Küche, wo immer gearbeitet wurde. In ihre Kammern gesperrt, hörten sie nichts von dem Gespräch, das an vielen Abenden die Einheimischen unter sich führten. Ja, Ille bekam Besuch wie in Paepckes Zeiten, ob sie nun mit einer Kelle Wasser den Sand aus dem Mund spülen wollten oder ernsthaft sich hinsetzen zu etwas, das mochte nun nach Belieben ein Schnacken werden oder ein Klönen oder am Ende doch eine Geschichte. Nur daß nur wenige Männer dabei waren, und so manche von den Frauen nahm das weiße Kopftuch nicht ab. Niemals wurde Gesine begrüßt als die Kusine von Alexandra Paepcke; allmählich begriff sie, daß sie hier durch ihren Vater bekannt war und erinnert wurde. Gleichwohl kam es nicht vor, daß sie nach Crespahl gefragt wurde. Besprochen wurde, was anlag; so lernte Gesine das Fischland kennen als eins, in dem ging es nicht zu wie im übrigen Mecklenburg. Wie in Illes Haus lebten in fast allen Häusern Sommergäste, die ihre Arbeit im Kopf vorbereiteten. Hier hatte der Kulturbund zur demokratischen Erneuerung Deutschlands mehr zu sagen, als sein Platz in den mecklenburgischen Wahlen sollte vermuten lassen. Hier hatte die Regierung der sowjetischen Zone eine Spielwiese hergerichtet für die Intellektuellen, die sie für artig ansah, oder benutzbar. Im Hotel Bogeslav ging es zu wie in den alten Zeiten; nur daß Leute wie Bankier Siepmüller dort nicht mehr vorkamen. Ach doch, wenn sie aus dem englischen Sektor waren, oder noch besser aus England. – Engländer? fragte Gesine versehentlich. Die Rüge für vorlautes Betragen blieb aus, warum das nun wieder. Ja, Engländer. Bogeslav hieß Kurhaus jetzt. Die bekamen Sonderzuteilung „aus der Reserve", was immer, wessen immer die war. Den Intellektuellen der Zone wurde das Fischland zugeteilt wie eine Medizin; nach vierzehn Tagen mußten sie Platz machen. Welche gab es, die badeten schon seit Juni hier. Einer hatte Baugenehmigung bekommen, gottlob in Ahrenshoop. Wenn die bloß nicht in Althagen anfingen mit ihren ausgedachten Häusern. Die wurden mit Pferdewagen durch den Darss gefahren. Ja, Gesine, in der Ernte. Wir kriegen das Unsere auch so vom Acker. Ja, was mit dem Jagdhaus des Reichsjägermeisters Hermann Göring war, Keiner weiß das, an die Stelle im Darss kam man nicht heran. Sonst kaum ein böses Wort über die Rote Armee. Offenbar hatte sie es mit diesem Landstrich anders angefangen. Doch, die waren bewaffnet auf Suche gezogen im Kleinen Darss, als Alfred Partikel verschütt gegangen war. Im Ernst, ihn retten wollten sie. Weißt, Gesine, der Maler. Ein Ahrenshooper zwar, wenigstens nicht Kultur-Bund. Was Gesine vom wirtschaftlichen Treiben der Einheimischen mitbekam, es klang nicht weniger exterritorial. Als gäbe es hier kein Finanzamt, als sähe die Wirtschaftskommission hier nicht her, als bekäme die Polizei keinen Zutritt. Auf dem Fischland schien die Kategorie „Selbstversorger" ziemlich genau dasselbe zu bedeuten, was das Wort meinte. Ach was, Lebensmittelkarten! Gelegentlich war die Rede von dem Haus mit der Sonnenuhr, so dicht am Hohen Ufer. Wann das wohl runterfallen werde. Mit türhohen Fenstern in Richtung Westen. Die mochten sie winters abdecken mit Holzplatten, da stand der Wind in der Stube und tanzte mit dem Sand. Des öfteren wurde gesagt: Nu tu das doch, Ille. Es sei nicht gefährlich. Tu das endlich, Ille.

Wenn Gesine Milch geholt hatte, war sie frei zu gehen, wohin sie wollte. Die Erinnerung blieb weg, es kam bloß der Anstoß an eine Minute Vergangenheit, der so sich nennt. Was aber sie meinte, war der Eintritt in die ganze Zeit der Vergangenheit, der Weg durch das stockende Herz in das Licht der Sonne von damals. Einmal hatten sie auf dem Hohen Ufer nebeneinander gestanden und unzweifelhaft die Umrisse von Falster und Möen gesehen; Alexandras Oberarm war mit einer leichten Körperdrehung an Gesines Schulter gerückt, ohne sie zu berühren; das Gefühl der Annäherung lag verkapselt im Gedächtnis, begraben gleichsam, wurde nicht lebendig. Einmal ging sie durch die Boddenwiesen, bis zum Knöchel im quatschenden Wasser, wollte Paepckes Katen heimlich von hinten ansehen, hoffte gar nicht mehr als auf den Anstoß. Sie sah die verwilderte Hecke, den Rundlauf, ein Stück Fenster vom Boddenzimmer. Die Stahltür mit dem Maschendraht war mit Kette und Vorhängeschloß gesichert. Sie hörte eine Frau sprechen, wie man es tut mit kleinen Kindern, die schon Worte annehmen. Alles das brachte die verlorene Zeit nur wieder als einen Gedanken: Als wir…; die gedachten Worte kamen nicht zum Leben. Fast jeden Abend beim Milchholen geriet sie in die Nähe des Moments, in dem Grete Nagel Alexandra und ihr ein Glas Milch angeboten hatte, jedoch frisch aus dem Euter, und die Kuh wandte ihre Augen um zu ihr. Es fiel ihr jetzt ein wenig schwerer, Milch zu trinken. Mehr fand sie nicht; ohnehin lag es wohl bloß daran, daß die Milch von Emma Senkpiel in Jerichow gepantscht war. Abends, wenn die Zeesenboote in den Althäger Hafen liefen, patschten die Katzen durchs Schilf und warteten auf ihre Quartiergeber, auf ihren Fischanteil am Fang; Katzen, im Wasser! Sie hörte Alexandras Stimme nicht. Sie versuchte, beschreibende Ausdrücke zu finden für Alexandras Stimme in jenem Augenblick; da entging ihr fast die Ahnung davon. Vor Bauer Niemanns Dreiständerhaus hingen drei Leinen Wäsche, vier malende Leute nebeneinander malten das ab. Es war wie damals. Es war fest und undurchdringlich über das Andenken Alexandras gedeckt; übrig blieb nur ein Wissen, daß sie darunter verborgen war. Abends saß das Licht von Malchen Saatmanns Hinterzimmer im Gebüsch. Sie konnte denken: Der Abend, als wir noch Brot von Malchen holen mußten, Alexander saß vornehm auf dem Sofa, angedüdelt wohl, sagte zu seiner Tochter: Nun, du braves Kind? Als kennte er sie nicht wieder... Gesine konnte es denken. Sie konnte es sich vorstellen als geschrieben. Es war nicht da. Sie war sich bewußt, daß in dieser Minute Stillstehens vor Frau Saatmanns freundlich verstreutem, heimlichem Licht der Wind stillstand, als verhalte er den Schritt. Sie fragte sich, ob sie das dereinst auch werde vergessen haben und bloß noch in Worten aufbewahrt.

Ille tat es schließlich. Sie bat Gesine um einen „furchtbaren" Gefallen; dann war es bloß die Begleitung zu einer Gelegenheit, nach der Gesine nicht fragen sollte. Die ganze Zeit müsse sie schweigen. Die Stimme Illes war wacklig. Gesine hätte ihr mehr versprochen, wäre es zum Trösten gut gewesen. Die Gelegenheit war Besuch bei einer alten Frau in einem Katen von Niehagen. Ille stellte im Vorraum bei einer Gehilfin den Korb Eier ab, das Honorar. Innen, bei gegen das Sonnenlicht verdunkelten Fenstern und Kerzenschein, mußte sie vor die Besprecherin ein Foto des Kapitäns hinlegen, dazu ihren Ehering an einem seidenen Faden. Die Alte enthielt sich aller Fisematenten; ihr Benehmen schien einem Arzt abgeguckt. Ihr Blick war der einer Geschäftsfrau, die etwas Bestelltes zum ausgemachten Preis liefert. Ein offener, heimlich verdeckter Blick. Sie stemmte die Ellenbogen auf und verschränkte Hand über Hand. Von einem vorher unsichtbaren Finger baumelte der Ring am Faden über dem Bildgesicht des Kapitäns. Er baumelte nicht, er hing von Anfang an still. Der Ring bewegte sich nicht, volle fünf Minuten lang. Wenn man in Gedanken bis Dreihundert zählt. Dann fing Ille an zu weinen. Draußen wurde ihr von der Gehilfin, offenbar der Schwester oder Partnerin in diesem Unternehmen, regelrecht wie einer Witwe Beileid ausgesprochen, sachlich, reell, in einer Manier, als sei ein solcher Ausgang unfehlbar zu erwarten gewesen.

- Du auch? fragte die Gehilfin. Gesine hatte bloß versprochen zu schweigen. Die Begleitung hatte sie hinter sich, nun durfte sie weglaufen.

Ille bestand zu Hause nicht darauf, darüber zu sprechen. Wir nahmen einander nicht übel. Wir konnten mit einander reden. Fünf Tage später oder so ging ich mit Lohn zurück nach Jerichow.

Das Fischland ist das schönste Land in der Welt. Das sage ich, die ich aufgewachsen bin an einer nördlichen Küste der Ostsee, wo anders. Wer ganz oben auf dem Fischland gestanden hat, kennt die Farbe des Boddens und die Farbe des Meeres, beide jeden Tag sich nicht gleich und untereinander nicht. Der Wind springt das Hohe Ufer an und streift beständig über das Land. Der Wind bringt den Geruch des Meeres überallhin. Da habe ich die Sonne vor mir untergehen sehen, oft, und erinnere mich an drei Male, zwar unbeholfen an das letzte. Jetzt sackt das schmutzige Gold gleich ab in den Hudson.

Da wußtest du, daß ich nicht wiederkomme, Gesine.

Ja, Alexandra.

Da warst du fertig mit dem Wunsch, dich umzubringen.

Ja, Alexandra.

Du hast noch daran gedacht.

Ja, Alexandra.

Aber du wirst es nun nicht mehr tun.

Nein, Alexandra.

Ich hatte mich bloß versteckt, weißt du.

Ich weiß, Alexandra.

1947, im Sommer, war ich auf dem Fischland. Niemals mehr.

Autorenverzeichnis

Barthel, Kurt (Kuba), 1914-1967

Erlernte den Beruf als Dekorationsmaler in Chemnitz, emigrierte 1933 in die Tschechoslowakei und 1939 nach England, 1940-1944 Internierung, 1944-1946 Bauarbeiter in London. Kam 1946 nach Berlin, wurde Redakteur und künstlerischer Leiter; wurde in der DDR durch seine Reportagen und Gedichte bekannt. 1955 war er erstmals in Ahrenshoop-Althagen. Schrieb das Szenarium für den DEFA-Film „Schlösser und Katen" (Regie Kurt Maetzig). 1957-1967 war Kuba Chefdramaturg am Rostocker Volkstheater und kam in dieser Zeit als Gast des Generalintendanten H.A.Perten häufig nach Ahrenshoop. 1959 schuf er die dramatische Ballade „Klaus Störtebeker" für die Rügenfestspiele.

Becher, Johannes Robert, 1891-1958

Der in München geborene Lyriker, Erzähler, Dramatiker, Essayist und Kulturpolitiker veröffentlichte bereits während seiner Studienzeit erste dichterische Versuche. B. gehörte anfangs zu den Wortführern des Expressionismus, nach seiner Emigration 1933 in die Sowjetunion ging er zu volkstümlich-konventioneller Schlichtheit über. Kehrte 1945 nach Berlin zurück, war Präsident des Kulturbundes (bis 1958) und 1954 erster Kulturminister der DDR. Seit 1946 weilte er häufig in Ahrenshoop (bis 1951), seine Eindrücke hielt er in Aufzeichnungen und Gedichten sowie in seinem 1950 entstandenen „Ahrenshooper Tagebuch" fest.

Brass, Hans, 1885-1959

Der in Wesel/Rhein geborene Maler und Grafiker wurde unter dem Eindruck des ersten Weltkrieges, den er als Frontsoldat erlebte, Mitglied im „Sturmkreis" und der „Novembergruppe". Nach dem Krieg ging er nach Ahrenshoop, wurde 1922 Mitbegründer der „Bunten Stube", 1927 Gemeindevorsteher, bis er sich ab 1931 wieder verstärkt künstlerischer Arbeit zuwandte. 1945-1947 war er nochmals Bürgermeister von Ahrenshoop, das er 1951 endgültig verließ.

Brecht, Bertolt, 1898-1956

Der weltbekannte Dichter und Dramatiker weilte bereist vor seiner Emigration 1933 in Ahrenshoop. 1950 kam er mit Helene Weigel, den Kindern und Ruth Berghaus erneut nach Ahrenshoop und wohnte im Althäger Dornenhaus. Während eines weiteren Ahrenshoop-Urlaubes im Juli 1951 arbeitete Brecht die von K. Rühlicke protokollierten Gespräche mit dem Berliner Maurer Hans Grabe durch, aus denen er eine dramaturgische Fabel entwickeln wollte. Diese kam aber unter dem Eindruck der Ereignisse in Ostberlin um und nach dem 17. Juni 1953 nicht zustande.

Dross, Friedrich Wilhelm, 1886-1972

Dross wurde nach akademischer Ausbildung Leiter des Finanzamtes in Ribnitz und erbaute mit seiner Frau, der Malerin Liselotte Dross 1914 ein Haus in Ahrenshoop. Er veröffentlichte zahlreiche heimatgeschichtliche Beiträge über Ribnitz und das Fischland. Später bekleidete er leitende Stellungen im Finanzwesen in Güstrow, Kiel und Bremen und war Mitbegründer der Ernst-Barlach-Gesellschaft.

Einstein, Albert, 1879-1955

Der weltbekannte Schöpfer der Relativitätstheorie lernte die Ostsee im Juli 1915 kennen, als ihn eine Urlaubsreise nach Sellin auf Rügen führte. Im Juli 1918 kam er erstmals nach Ahrenshoop, wo es ihm ausnehmend gut gefiel, wie die aus seinen Briefen veröffentlichten Auszüge in diesem Buch belegen. 1920 weilte er erneut hier und 1921 in Wustrow/Fischland.

Grosz, George, 1893-1959

Von den Nazis als „entartet" verfemt und 1938 ausgebürgert, war der Maler und Grafiker G.Grosz mit seinem grafischen Werk einer der größten politischen Zeichner des angehenden 20.Jahrhunderts. Seine Kindheit in der pommerschen Kreisstadt Stolpe nahe der Ostsee schuf lebenslange liebevolle Erinnerungen an die Ostseeküste, wo es ihn nach dem ersten Weltkrieg immer wieder hinzog. 1931 spürte er bei seinem letzten Aufenthalt in Prerow das Nahen des Faschismus; 1933 ging er in die USA, wo ihm die in Deutschland gewonnene Anerkennung versagt blieb.

Holtz, Erich Theodor, 1885-1956

Der in Storkow/Mark geborene Apothekersohn studierte Malerei in Dresden und Berlin, wo er zunächst lebte. 1917 ging er nach Prerow/Darß und 1924 nach Wustrow auf dem Fischland, wo er – seit 1934 gemeinsam mit seiner Ehefrau, der Malerin Hedwig Holtz-Sommer – im „Runenhaus" wohnte. Neben Landschaftsbildern entstanden auch Bildnisse und Stilleben.

Johnson, Uwe, 1934-1984

Der in Pommern und Mecklenburg aufgewachsene Erzähler und Übersetzer studierte Germanistik in Rostock und Leipzig. 1959 übersiedelte er nach Westberlin, lebte von 1966 bis 1968 in New York, danach wieder in Berlin und ab 1974 in Sheerness-on-Sea/England. J.war ein bedeutender Erzähler von experimenteller Prosa, wandte sich später vom Sprachexperiment ab unter Einbeziehung historischer Problematik. 1956 verlebte er einen Sommerurlaub in Althagen/Fischland; das Fischland fand auf vielfältige Weise Eingang in sein literarisches Lebenswerk, vor allem im vierten Band der „Jahrestage", aus dem der abgedruckte Auszug stammt.

Kahlow, Heinz, 1924

Sohn eines Kapitäns. Wuchs in Danzig auf, studierte nach dem Krieg Schauspielkunst in Rostock, wurde 1950 Hörspieldramaturg am Berliner Rundfunk. War „Eulenspiegel-Redakteur und Mitarbeiter am „Magazin". Lebte seit 1957 in Berlin, heute auf dem Fischland. Der Ostseeküste widmete er zahlreiche seiner literarischen Schöpfungen. 1965 „Der nautische Urlaub"; 1960 „Kleopatra, das kluge Kind", 1969 „Mit Keo unterwegs".

Kaschnitz, Marie Luise, 1901-1974

Die in Karlsruhe gebürtige Lyrikerin und Erzählerin veröffentlichte 1973 den Band „Orte. Aufzeichnungen". In dem Kapitel „Ostpreußen" beschrieb sie ihre Begegnungen mit dem Maler und Grafiker Alfred Partikel in Ahrenshoop. [Partikel kam nach Studien-, Kriegs- und Wanderjahren 1922 erstmals nach Ahrenshoop.1944 kam er auf dem Fahrrad nach Ahrenshoop und erlebte hier das Kriegsende. Im Sommer 1945 erteilte er den Ahrenshooper Schulkindern Malunterricht. Von einem Spaziergang ins Ahrenshooper Holz kehrte er eines Tages nicht mehr zurück und blieb verschwunden. Ein Ereignis, daß sich in vielen Aufzeichnungen der Kollegen wiederfinden läßt.]

Lenz, Jürgen 1916

Der 1916 als Sohn eines Arztes in Königsberg geborene Romanschriftsteller und Reporter fuhr bis 1939 bei der Handelsmarine zur See. Lenz arbeitete ab 1945 als Journalist in Hamburg, wo 1948 sein erstes Buch erschien. Ab 1949 war er beim „Berliner Rundfunk" Redakteur, dann arbeitete er als freier Schriftsteler in Berlin. Der Text in diesem Band stammt aus dem Bildband „Ostseestrand", Dresden 1956.

Lettow, Toska, 1895-1985

Die in Wustrow auf dem Fischland gebürtige Erzählerin war Lehrerin in Ribnitz und Archivarin. Sie schrieb „Swante Wustrowe - Roman aus dem Fischland" (1917), das Stück „Die Nebelfrau" (1918), die Erzählung „Laternenkinder" (1920), den Roman „Ram Molum" (1924) und gemeinsam mit M.Bruch einen Band Muttergedichte aus zwei Jahrhunderten (1935). Später lebte sie bis zu ihrem Tode in Berlin.

Marcks, Gerhard, 1889-1981

Der in Berlin gebürtige Maler, Grafiker und Bildhauer gehört zu den bedeutendsten bildenden Künstlern des 20.Jahrhunderts. Seit 1925 Professor an der Kunstgewerbeschule Burg Giebichenstein in Halle und seit 1930 amtierender Direktor der dortigen Werkstätten, wurde 1933 von den Nazis wegen seines Eintretens für eine jüdische Kollegin aus dem Amt gejagt. Er zog sich in sein 1930 in Niehagen/Fischland erworbenes Haus zurück, war ab 1936 wieder in Berlin, wurde 1937 als „Entarteter" verfemt. Im Kriege verlor er seine Wohnung, das Atelier sowie einen großen Teil seiner Werke. 1944 suchte er erneut Zuflucht auf dem Fischland, wo er das Kriegsende erlebte. Seine Befindlichkeit in jener Zeit bringen die abgedruckten Briefe zum Ausdruck. 1946 folgte er der Berufung nach Hamburg, 1950 übersiedelte er nach Köln, wo er ein zweites großes Lebenswerk schuf.

Miethe, Käthe, 1893-1961

Die Schriftstellerin war Tochter des Professors Dr. Adolf Miethe, der ihr während des ersten Weltkrieges in Althagen die Büdnerei 54 kaufte, die sie 1939 zum festen Wohnsitz für ihren letzten Lebensabschnitt machte. Hier begann nach 1945 ihre fruchtbarste Schaffenszeit. Sie schrieb acht Bücher über Land und Leute zwischen Meer und Bodden, darunter den Roman „Die Flut - Bilder aus dem alten Ahrenshoop" (1953). Im Verlag Atlier im Bauernhaus erschien auch ihr Erzählband: „Unter eigenem Dach".

Müller-Kaempff, Paul, 1861-1941

Der in Oldenburg gebürtige Maler studierte an den Akademien in Düsseldorf, Karlsruhe und Berlin bei namhaften Landschaftsmalern. Als er sich im Spätsommer 1889 um zu malen in Wustrow/Fischland aufhielt, entdeckte er vom Hohen Ufer aus Ahrenshoop, dessen Anblick ihn so beeindruckte, daß er 1892 das erste Malerhaus in der Dorfstraße erbaute und damit die Ahrenshooper Malerkolonie begründete. 1894 erbaute er als Pension und Atelierhaus für seine Malschule, die er sommers durchführte, den „St.Lukas". Er initiierte auch den Bau des Kunstkatens (1909). Während dieser Zeit hielt er enge Verbindung zu Oldenburg und seinen Künstlern. 1912 ging er nach Berlin zurück, der erste Weltkrieg brachte das Ende der Ahrenshooper Malerkolonie.

Schultze-Jasmer, Theodor, 1888-1975

Der im sächsischen Oschatz geborene Maler und Grafiker, der bereits vor seine Studium an der Leipziger Kunstakademie die Ostseeküste kennengelernt hatte, fand 1921 in Prerow auf dem Darß seine zweite Heimat. Früh hatte er sich der Landschaftsmalerei zugewandt, war aber in seinen künstlerischen Themen, Mitteln und Techniken sehr vielseitig. Er war der Maler und Chronist des Darß und pflegte freundschaftliche Beziehungen zu vielen Malerkollegen der Küstenregion und zu zahlreichen Sommermalgästen.

Tovote, Heinz, 1864-1946

Der gebürtige Hannoveraner studierte Philosophie, Literatur und neue Sprachen in Göttingen, München und Berlin und war ab 1890 als Schriftsteller tätig, zumeist in Berlin. Seine Romane und Novellen beinhalteten zumeist erotische Themen aus der dekadenten Berliner Gesellschaft mit sozialer Tendenz. Sein Roman „Hilde Vangerow und ihre Schwester" (1906) handelt in Ahrenshoop und weist auf die Probleme hin, die in der

Entwicklung der Malerkolonie nach der Jahrhundertwende auftraten, was ihm den Zorn der Künstler eintrug.
Bekanntschaft mit Fritz Mackensen und Hans am Ende.

Trojan, Johannes, 1837-1915

Der Danziger Kaufmannssohn war nach dem Studium der Naturwissenschaften und Philologie ab 1862
in der Schriftleitung und von 1886 bis 1909 als Che-
fredakteur der Berliner politisch-satirischen Wochen-
schrift "Kladderadatsch" tätig. Er war abwechselnd
Verehrer und Kritiker Bismarcks, liebte die Natur und
die einfachen Leute, für deren sozialen Interessen er
oftmals eintrat. Ab 1909 lebte er in Warnemünde. Er
schrieb Erzählungen, Geschichten, Gedichte, floristi-
sche Schilderungen und seine Lebenserinnerungen.
Mit der Rostocker Heide und dem Fischland war er
eng verbunden und siedelte viele seiner Geschichten
und Gedichte hier an.

Wehrs, August von, 1788-1830

Um nicht in westfälisch-französischen Dienst zu
müssen ging A.v.Wehrs als Göttinger Student 1809
nach Schweden, wurde Offizier bei der Götagarde
und kam 1810 mit seinem Regiment nach Stralsund
in Schwedisch-Neuvorpommern. Während der französischen Kontinentalsperre kam er für zehn Monate
zur Küstenbewachung auf den Darss. Von 1812-1814
in französischer Kriegsgefangenschaft, nahm er 1815
am Kampf gegen Napoleon teil und verließ 1816 den
Militärdienst. 1818 heiratete er die Borner Oberför-
stertochter Marie Niemann. 1819 veröffentlichte er
sein Buch „Der Darß und Zingst, ein Beitrag zur
Kenntniß von Neuvorpommern".

Witte, Frido, 1881-1965

In Schneverdingen/Lüneburger Heide geboren, studierte Witte in München Architektur und Malerei. Er
unternahm zahlreiche Studienreisen in Deutschland,

Frankreich, Dänemark und anderen Ländern, wo er mit zahlreichen Malerkollegen lebenslange Freundschaften schloß, zu denen auch die Maler der Künstlerkolonie Worpswede gehörten wie die Kollegen des „Hamburgischen Künstlercluns von 1897".

Neben seinen zahlreichen Gemälden schuf er auch sehr Grafik und Gebrauchsgestände wie Möbel, etc. In seinem Schaffen blieb er der Lüneburger Landschaft und der Heide stets verbunden.

Im Jahre 1936 weilte Witte mit den Hamburger Malerfreunden H.F. Hartmann und Arthur Siebelist in Althagen auf dem Fischland an der Ostsee.

Witte, Hans, 1867-1945

Der in Doberan geborene studierte und promovierte Archivar am Geheimen Hauptarchiv Schwerin, Leiter des Landesarchivs und der Landesbibliothek Mecklenburg-Strelitz (ab 1913) baute das Landesmuseum in Neustrelitz auf (1921 eröffnet) und publizierte zahlreiche Bücher und Beiträge. Zu seinen wichtigsten Arbeiten zählen die zweibändigen „Kulturbilder aus Alt-Mecklenburg" (1911) aus denen dieser Abschnitt über die Fischländer Schiffahrt am Ende des 18.Jahrhunderts aufgenommen hat.

Zweig, Arnold, 1887-1968

Der bedeutende Romancier und streitbare Humanist emigrierte 1933 aus Deutschland und lebte in der Schweiz, in Frankreich und Palästina. 1948 kehrte er nach Berlin zurück und folgte 1957 B.Brecht als Präsident des „Deutschen PEN–Zentrums Ost und West". Mit seinem Erzählwerk erlangte er Weltruhm. Den hier abgedruckten Aufsatz „Strand und See: Künstler in Ahrenshoop" veröffentlichte er 1954 in der Zeitschrift „Bildende Kunst". Dieser Aufsatz des damals bereits fast erblindeten Autors ist ein Rückgriff auf das eigene literarische Schaffen: „Er ist nämlich die erweiterte Fassung einer früheren Arbeit von Arnold

Zweig, die er unter dem Titel 'Privatissimum im Sande' schon am 9.9.1926 in der 'Vossischen Zeitung'
und, leicht geändert, unter dem Titel 'Ode an Khayat
Beach' in Heft 9 der Haifer Zeitschrift 'Orient'
drucken ließ. Den Bezug auf das Fischland erhielt der
Aufsatz erst, als Arnold Zweig das Fischland nach seiner Rückkehr aus der Emigration kennenlernte." (Ilse
Lange, Sekretärin A.Zweigs, brieflich)

Anmerkung:
Über die Autoren Ernst Duis, August Sach und F.
Wilde konnten bislang leider keine biografischen An-
gaben ermittelt werden.

Danksagung
Verlag und Herausgeber danken den nachfolgen-
den Rechtsinhabern für die freundlich erteilte Ab-
druckgenehmigung
Albert Einstein, © by Estate of Albert Einstein, N.Y.
George Grosz, Eintrittsbillet zu meinem Gehirnzir-
kus. Erinnerungen. © Peter Grosz, New York
Johannes R. Becher, aus: Auswahl aus sechs Bänden,
1952, © Aufbau-Verlag, Berlin
Bertolt Brecht, Arbeitsjournal 1938-1955, S. 488/89
© Suhrkamp Verlag, Frankfurt/Main, 1973
Hans Braß, aus: Mecklenburger Hefte, 1927, © Erben
Marie Luise Kaschnitz, aus: Orte., „Quer durch die
ostdeutsche Ebene... nichts, nichts ist geschehen"
© Insel Verlag, Frankfurt/Main 1973
Kahlow, Heinz, aus: Mit Kleo unterwegs, Eulenspie-
gel-Verlag, Berlin, © beim Autor
Gerhard Marcks, aus: Gerhard Marcks, Retrospektive
1889-1981, © Hirmer-Verlag, München 1989
Käthe Miethe, aus: Die Flut, Seite 194-200
© Hinstorff Verlag, Rostock
Theodor Schultze-Jasmer, aus: Gedanken und Bilder
des Malers und Grafikers Theodor Schultze-Jasmer

Nachwort

Allzu leichtfertig wird der Begriff der Künstlerkolonie mit dem der Malerei verbunden. Die in diesen Künstlerinseln der letzten Jahrhundertwende gepflegte Landschaftsmalerei hat zu oberflächlich ein Bild in die Welt gesetzt, was eine Künstlerkolonie ist.

Tatsächlich haben in den meisten Fällen Maler die Orte entdeckt, die dann als Künstlerkolonien eine Zeitlang bekannt wurden. Aber vielfach waren es gerade Schriftsteller, Lyriker und Journalisten, die für einen größeren Bekanntheitsgrad dieser neuen Künstlertreffpunkte auf dem Lande sorgten.

Im dänischen Skagen war der schwedische Schriftsteller Hans Christian Andersen einer der ersten Künstler, die diese Landschaft aufsuchten und für die dann eintretende Popularität des Fischerdorfes als spätere Künstlerkolonie verantwortlich zeichnen mußte. Robert Louis Stevensons Beschreibungen der Landschaft und des Lebens in dem französischen Künstlerort Barbizon hat einen noch wesentlicheren Anteil an dessen großen internationalen Stellenwert als Ausgangspunkt europäischer Kunsterneuerung. Nach seinen Erzählungen und Berichten aus dem Wald von Fontainebleau setzte ein Zustrom von Künstlern aus aller Welt ein.

Und der Besuch Rainer Maria Rilkes in der Künstlerkolonie Worpswede hat für den Künstler, wie für den Stellenwert dieses ehemaligen Bauerndorfes im Teufelsmoor nachhaltige Bedeutung erfahren. In allen Fällen ist es nicht nur der berühmte Name des Schriftstellers gewesen, der die Kolonien bekannt machte, sondern vor allem die große Aufmerksamkeit, die der Literatur zu diesem Thema zuteil wurde und die weitere Künstler aller Gattungen in diese Dörfer auf dem Lande geleitete. Sehr oft war es diesen anfangs kaum möglich, parallel zu den entstehenden Gemälden, adäquate Literatur oder Lyrik entgegenzusetzen. Schriftsteller kamen aus Freundschaft dazu oder um zu sehen, was sie da in den Städten von den Künstlerorten hörten. Oft fanden sie erst durch die Gemälde und die Bildsprache der Maler zu ihrer eigenen Sprache über die Landschaft. Oft und meistens war die Symbiose zwischen Malerei und Literatur fruchtbar.

Förderlich war vielen die zu dieser Zeit aufkommenden Bewegungen, die mit den Schlagworten wie: „Zurück zur Natur" oder „Los von Berlin" (wobei Berlin hier nur als Synonym für jede Großstadt steht) bezeichnet wurden. Durch sie sind die Heimatkunst-Bewegungen und vor allem die anti-akademisch orientierten Künstler motiviert worden. Die Begeisterung für Moor und Heide, Küsten- und Berglandschaften, sowie einfaches Glück und stille Winkel außerhalb des als laut empfundenen Betriebes der Großstadt schufen ein neues Bedürfnis sowohl bei den Künstlern, als auch bei dem kunstinteressierten Publikum. Dies betraf nicht nur die Malerei, sondern durchzog alle Ebenen der Künste und traf auf Ahrenshoop zumindest nach 1918 zu.

Vor und neben den literarischen Ergebnissen aus den Künstlerkolonien hat es natürlich auch die Ende des 18.Jahrhunderts verstärkt einsetzenden Reisebeschreibungen gegeben, die für die Wissenschaft und auch für den Wissensdurst des Bürgertums jene bis dahin „unerforschten" Zonen der näheren Heimat beschrieben haben. Diese Reisebeschreibungen einer vermeintlichen „Terra incognita", veröffentlicht in den Zeitungen und Periodiken, wurden nur etwas später von den Beschreibungen der eroberten Kolonien in Übersee abgelöst. In vielen Fällen sind solche Reisebeschreibungen von ähnlicher Sozialromantik geprägt und oft nur ungenau bei der Schilderung tatsächlicher Realitäten jener Landstriche. Ihr Zweck war oft mehr das „wohlige Gruseln" des Lesers angesichts der Unwirklichkeiten, denen er sich hoffentlich nie aussetzen mußte. Eine weitere Art literarischer Äußerungen waren die mundsprachlichen Niederschriften, die sich heimatgeschichtlich in die ersten großen „Rettungsaktionen" der landestypischen Ausdrucksart einordnen lassen. Autoren wie Fritz Reuter oder Richard Wossidlo haben hier für Mecklenburg Bedeutendes festgehalten.

Ahrenshoop, wie das Fischland und der angrenzende Darß, sind von der geographischen Lage allein prädestiniert, in dem gesamten Kanon solcher Entwicklungen eine eigene Stimme abzugeben. Die hier vorliegenden Zeugnisse in Form von Reisebeschreibungen, Literatur, Lyrik, Briefen und Romanauszügen aus und über Ahrenshoop mit seiner umliegenden Landschaft sollen eine weitere und wichtige Facette innerhalb der oben erwähnten Strömungen und kunsthistorischen Entwicklungen aufzeigen. Die vielschichtige Fauna und Flora, die historischen Fakten, die eng mit der Seefahrt verbunden sind, und letztlich die Entwicklung einer Künstlerkolonie ab 1892 geben ausreichend Material her, um Landschaft und Menschen nicht nur aus der Sicht der Reisebeschreibungen wiederzugeben. Vor allem gilt es, Ahrenshoop nicht als reine Malerkolonie, sondern als Künstlerkolonie herauszustellen.

Einen frühen und ersten Hinweis auf literarische Betätigungen gibt die Schriftstellerin des Fischlandes Käthe Miethe, die ihre Erinnerungen bis auf das Jahr 1901 zurückführen kann: „Und rundum in den kleinen Fischerhäuschen hatten sich Künstler, Schriftsteller, Schauspieler und Sänger eingemietet. ...Es gab bunte Abende, auf denen der Lyriker Alfred Richard Meyer Lieder zur Gitarre sang, der Karikaturist Hermann Abeking lustige Szenen aus dem Badeleben aufführen ließ. In dem einen Sommer war das ganze Überbrettl mit Elsa Laura von Wolzogen an der Spitze, in Ahrenshoop zu Gast, auch Julius Lieban von der damals königlichen Oper in Berlin. Edmund Edel wanderte mit seinem spöttischen Blick über die Dorfstraße. Axel Delmar schrieb sein Stück 'Ahrenshooper' und Johannes Trojan und Heinrich Seidel schilderten in Humoresken das Fischländer Leben."

Der recht schnelle Weg von der literarischen Proklamation als abendliche Unterhaltung zur literarischen Produktion schien auch in Ahrenshoop nicht weit zu sein. Wie schon in anderen Künstlerkolonien, wurden die Schriftsteller durch die vorgefundene Landschaft und die junge Künstlergemeinschaft zu eigenem Schaffen angeregt, oftmals ohne dies selbst von Anfang an gewollt zu haben. Die Anwesenheit von Lyrikern, Schriftstellern und anderen Sparten der Kunst brachte für die gesamte Künstlerkolonie auch in Ahrenshoop eine höhere Qualität des Lebens und der künstlerischen Produktion. Die literarischen Anfänge hatten allerdings nur eine regionale und zeitliche Bedeutung.

Doch solche durch den Besuch von Künstlerkolonien inspirierten literarischen Werke hatten zudem häufig für alle betreffenden Künstler eine gemeinsame sinnstiftende Funktion, so individuell man auch sein mochte. Was immer man von dem Roman, Gedicht, Bühnenwerk etc. auch halten mochte, die schmale Basis einer gemeinsamen Idee konnte oft durch das literarische Werk eines Schriftstellers eher zusammengehalten werden, als durch die Summe des malerischen Werkes der Künstler. Das kann vor allem für die Ahrenshooper Künstlerkolonie gelten.

Ein Beispiel ist das 1907 von Alfred Richard Meyer veröffentlichte „lyrisches Pastell" mit dem Titel „Ahrenshooper Abende", das der Gattin des Gründers der Künstlerkolonie, Frau Else Müller-Kaempff, „in Freundschaft herzlichst zu eigen" gewidmet wurde.

Deutlicher wird es durch die große Empörung über die leichtfertige wie leicht durchschaubare Verarbeitung zwischenmenschlicher Interna der Ahrenshooper Künstlerschaft um die Jahrhundertwende in Heinz Tovotes Roman „Hilde Vangerow und ihre Schwestern", wie die folgenden hitzigen Diskussionen, die letztendlich doch mehr ein Wir-Gefühl erzeugt haben, als daß sie die Künstler noch stärker vereinzelten.

Besonders Tovotes Roman zeigt die Gefahr einer einengenden Künstlerenklave außerhalb realer Bedingungen für die Künstler wie die Kunst selbst. Dieser Gefahr war Ahrenshoop nur kurzzeitig ausgesetzt, da die Künstlergemeinschaft spätestens nach dem ersten Weltkrieg auseinanderbrach. Schriftsteller, die jetzt kamen, blieben nur für eine Saison und wurden nicht seßhaft. Einzige Ausnahme war Käthe Miethe, die sich in ihrem Althäger Katen bis zu ihrem Tod 1961 in immer stärkerem Maße der heimatlichen Thematik verpflichtet fühlte und in ihren Romanen die Seefahrt und die Menschen des Fischlandes zum Thema nahm. Sie erlag der Gefahr, die in allen Künstlerkolonien die gleiche gewesen ist, „daß man sich zu stark mit dem Boden und seinen Bewohnern identifizierte, im versteckten Winkel die tiefere Wirklichkeit suchte und dabei in die Bindung neuer Konventionen geriet, das Metier zugunsten der Weltanschauung unterschätzte und jene Zwischenwelt ...der Kunst aus den Augen verlor, wo es hart auf hart geht...“ [Robert Minder, 1965]

Künstler wie Hans Braß oder Paul Müller-Kaempff oder Frido Witte waren eigentlich Maler. Ihre Motivation, Dinge aufzuschreiben und zu veröffentlichen, waren eher Themen, die sich der Malerei verweigerten. Solche Selbstäußerungen sind auch in fast allen anderen Künstlerkolonien zu finden. Sie haben ihren Stellenwert durch das Zeitkolorit und ihre realistischen wie subjektiven Bekenntnisse und Erinnerungen. Insofern haben Ahrenshoop und das Fischland bis auf die erwähnte Käthe Miethe keine eindeutige Heimatkunst- oder Provinzliteratur vorzuweisen. Moor-und Heidestimmungen konnten auf dieser Halbinsel nicht aufkommen. Stattdessen wurden eher Mythen und esoterische Stimmungsbilder bemüht, aus denen „Die heilige Insel“ von Lely Kempin, oder „Tilsche Schellwegen -Die Hexe vom Fischland“ von Ottomar Enking entstanden, deren Ursprung in den Erzählungen der Seefahrer und Fischer zu finden ist.

Die nach 1920 in Ahrenshoop weilenden Künstler waren vorrangig aus den gleichen Gründen auf das Fischland gekommen wie die Touristen. Sie interessierten sich für die Ruhe des Ortes und die Erholung. Es war das Flair und die Tradition als Künstlerkolonie, die hier während des Sommers eine besonderes Publikum herzog, daß einen hier besser verweilen ließ, als in anderen Ostseeorten. Daß sie dann doch von den Strömungen der lyrischen Landschaft oder, wie bei George Grosz, auf die ehemalige Künstlerkolonie hingewiesen wurden, hat sicher so manchen Schriftsteller wie Maler selbst erstaunt. Künstler, die hier eine Zeitlang ihr zu Hause fanden wie Gerhard Marcks, Alfred Partikel oder der Grafiker Fritz Koch-Gotha bildeten neben ihrer Freundschaft auch eine literarisch anmutende Schreibkultur aus, die ihre Wurzeln in dem vorigen Jahrhundert hatte. Bertolt Brecht nutzte mehr die Ruhe des Ortes für seine Arbeit, als daß er sich auf Ahrenshoop oder das Fischland einließ.

Erstaunlicherweise ist nach 1950 kaum Literatur oder Lyrik um den Fixpunkt Ahrenshoop entstanden, die sich von der üblichen Stimmungs-und Regionalliteratur abhob. Es dominierte wieder die Malerei.

Erwähnenswerte Ausnahme bildet Johannes R. Becher, der wohl, wie man noch heute hört, lange „seine schützende Hand" über Ahrenshoop gehalten hat. Seine lyrischen und literarischen Niederschriften zeugen von einer großen Sympathie für das Land und die Landschaft. Er kann bis zu dem Augenblick, wo er sich noch nicht in Parteiämtern engagierte, als gültiges Pendant zur Malkunst in Ahrenshoop gerechnet werden. Das er sich dann - ähnlich wie Gesine Crespahl in Uwe Johnsons Roman - plötzlich und schmerzlich vom Fischland für immer verabschiedeten, erstaunt einen in der Nachschau. Darüber sollte man nachdenken.

Hans-G. Pawelcik

Inhaltverzeichnis

Inhaltverzeichnis